ya que – as
hay que – must
la cruz – withers
sin mas – just like that
sin embargo – nevertheless
alrededor – around
atropellar – to trample
         – to run over
         – to trip over
casi – almost
hasta la fecha – to date, so far
de modo que ⎱ = as
así que   ⎰

ADIESTRAMIENTO Y DOMA DEL CABALLO

aun así – even so
aunque – although
apenas – hardly

HERAKLES

Colección **HERAKLES**

ADIESTRAMIENTO Y DOMA DEL CABALLO
NUEVO MÉTODO PARA DOMAR Y CORREGIR
CABALLOS PIE A TIERRA

Kerstin Diacont

Contiene 160 ilustraciones
(119 fotográficas y 41 esquemáticas)

EDITORIAL HISPANO EUROPEA S. A.

Asesores Técnicos: **Julia García Ràfols** y **Antonio Peral Vernet**

Aclaración de signos

Tralla

Fusta

Extremo sobrante de la cuerda

Dirección de movimiento del caballo

Dirección de movimiento del domador

Título de la edición original: **Bodenarbeit mit Pferden.**

© de la traducción: **Paquita Kriens.**

Es propiedad, 1996
© **BLV Verlagsgesellschaft mbH.** Munich (Alemania).

© de la edición en castellano, 2003:
Editorial Hispano Europea, S. A.
Bori i Fontestà, 6-8. 08021 Barcelona (España).
E-mail: hispanoeuropea@hispanoeuropea.com

Quedan rigurosamente prohibidas, sin la autorización escrita de los titulares del «Copyright», bajo las sanciones establecidas en las Leyes, la reproducción total o parcial de esta obra por cualquier medio o procedimiento, comprendidos la reprografía y el tratamiento informático, y la distribución de ejemplares de ella mediante alquiler o préstamo públicos, así como la exportación o importación de esos ejemplares para su distribución en venta fuera del ámbito de la Unión Europea.

Depósito Legal: B. 50641-2003.

ISBN: 84-255-1217-4.

Tercera edición

Consulte nuestra web:
www.hispanoeuropea.com

IMPRESO EN ESPAÑA   PRINTED IN SPAIN
LIMPERGRAF, S. L. - Mogoda, 29-31 (Polígono Industrial Can Salvatella) - 08210 Barberà del Vallès

Índice

Prólogo 9

Teórica 11

Conocimiento básico de psicología. 11
– Generalidades 11

Aprender el lenguaje del caballo 12
– Comportamiento de manada, jerarquía, comportamiento social. 12
— Aprovechar los patrones básicos 14
— Distintas posiciones para llevar el caballo de la mano . 14
— Comportamiento de agresión y sumisión 16

– Comportamiento de huida. Sobreponerse al miedo 17
— 1. Dejar que el caballo pueda girar la cabeza y el cuello 17
— 2. Dejarle posibilidad de decisión y una salida fácil . 17
— 3. Trabajo a distancia . . . 18

– Juego y trabajo. Atención del caballo. 20
— Motivación 20
— Objetivos abiertos. 21
— El juego aumenta la atención del caballo 22

– Premios y castigos 23
— Fair, friendly, firm, fast . . . 23
— Premios comprensibles para el caballo 25
— ¿Qué significa castigo para el caballo? 27
— Acciones por reflejo 28
— Distracción en vez de castigo 29

– El caballo como animal altamente especializado en el movimiento 29
– La dosificación correcta del trabajo 30
— 1. El caballo se aburre . . 31
— 2. Se le exige demasiado al caballo 31
— 3. Comprobar el humor del caballo. 32
— 4. ¿Dispongo de tiempo suficiente? 33

Práctica. 35

Las ayudas para el trabajo pie a tierra. 35
El lenguaje corporal del domador 35
– El movimiento consciente. Desarrollo del lenguaje corporal 36
— Entrenamiento autógeno y método Feldenkrais 36

Índice

— Movimientos correctos e incorrectos 38
— Romper costumbres 39

– Señales corporales aisladas . 40
— La posición y la dirección del movimiento 40
— Los gestos 41
— Los brazos 41
— Las manos 42
— Las piernas y los pies 42
— Cuello y cabeza 43
— Los ojos y la observación . . 43
— Aprender a ver 44
— Ver más poniendo interés especial 44
— Imagen ideal del cómo debe ser 45
— Reacciones rápidas al actuar por reflejo 46
— Imagen del conjunto 47
— La respiración 48
— La voz. Las entonaciones . . 48

El equipo y su utilidad 49
– Equipo básico 49
— La cabezada de cuadra . . . 49
— Ronzal y mosquetones 50
— Cabezón de dar cuerda . . . 50
— Sidepull 51
— La cuerda larga . . *lunge line* 51
— La cadena y el war bridle . . 51

– Medios auxiliares 52
— Ejercicios con el extremo de la cuerda y la tralla. *whip* . 52

– Riendas artificiales y filete . . 53
— Riendas de atar/filete 53
— Riendas corredizas/riendas *running reins* fijas 54
— Chambon 54
— El cinchuelo 54
— La cuerda doble y las riendas largas 54

Requisitos externos 55
Trabajo de base 56
– Aclarar la dominancia/jerarquía 56
— ¡El caballo de rango inferior debe ceder ante el de rango superior! 57
— Movimiento forzado haciendo girar el extremo de la cuerda 57
— El caballo dispone de 6 posibilidades de ceder 58

– Flexibilización y obediencia a la cuerda 71
— Atención y obediencia como base del trabajo 72
— Trabajo al paso 73
— Reducir el círculo 74
— El galope en firme 75
— Alargar. Recoger 75
— El trabajo en el picadero circular. Cambio de mano 76

Resolver problemas 78
— Los problemas son síntomas 81
— Búsqueda de la causa 82
— Unas palabras sobre nuestros fallos 83

– Problemas y resistencias por falta de imponer autoridad . . 84
— No provocar 85
— El caballo se incurva hacia fuera 86
— El caballo se escapa hacia fuera 87

– Mejorar tensiones e irregularidades del movimiento 89
— Distracción 89
— La atención como clave del éxito de la corrección 91
— El caballo tiene derecho a enfadarse. Se le permiten alegrías 92

stable halter

Índice

- Crear confianza con los ejercicios de paso estrecho y remolque. 93
— Un ejercicio sencillo para empezar. 93
— Entrenamiento de remolque 94

- El caballo no se deja atar. . . 95
- Relajación del caballo parado 98
— Ejercicios de relajación en la parada. 98
— Palpar 99
— Relajar el cuello y la nuca. . 99
— Girar el cuello. 101
— Atar a la montura o a la cola 101
— Estirar y relajar las extremidades. 102

Trabajo avanzado 102
- Reunión clásica. 103
— Cuadrar el caballo en la parada. 103
— Reunión en movimiento . . . 104
— Trabajo con riendas de atar 104
— Alternar las fases del trabajo 106
— Mantener la ligereza. 106
— Acabar a tiempo. 107
— Movimientos laterales. 107
— Trabajo del posterior. 108
— Perfeccionamiento del lenguaje corporal 108
— Pasos atrás y partir hacia adelante a la cuerda. 108
— Piruetas 109

- Lecciones de reining 109
— Spin 109
— Parar a tiempo. 110
— Roll back. 111
— Cambio de pie. 113

- Obstáculos en el campo de la mano. 114
— Paso atrás por un pasillo recto de barras 116
— Hacia atrás en zigzag entre una serie de barriles. 116
— Determinar la posición 116
— Hacia atrás por un pasillo en forma de L.. 117
— Lateralmente sobre una barra 117
— Lateralmente sobre barras en ángulo. 118
— Control absoluto del movimiento 119
— «Ensalada» de barras 119
— Ground Tying 122

- Obstáculos difíciles 123
— Bajadas y escalones 123
— Marcha atrás arriba y abajo 125
— Escalones marcha atrás. . . 126

- Trabajo con caballetes y ejercicios de salto 129
- Trabajo con doble cuerda y riendas largas 132

Números especiales y juegos . 137
— Paso español. 137
— Reverencia. 138
— Sentarse 140
— El balancín. 140
— Iniciación a los números de exhibición. 141
— Bases para la doma en libertad con varios caballos. . . . 141

Bibliografía **143**

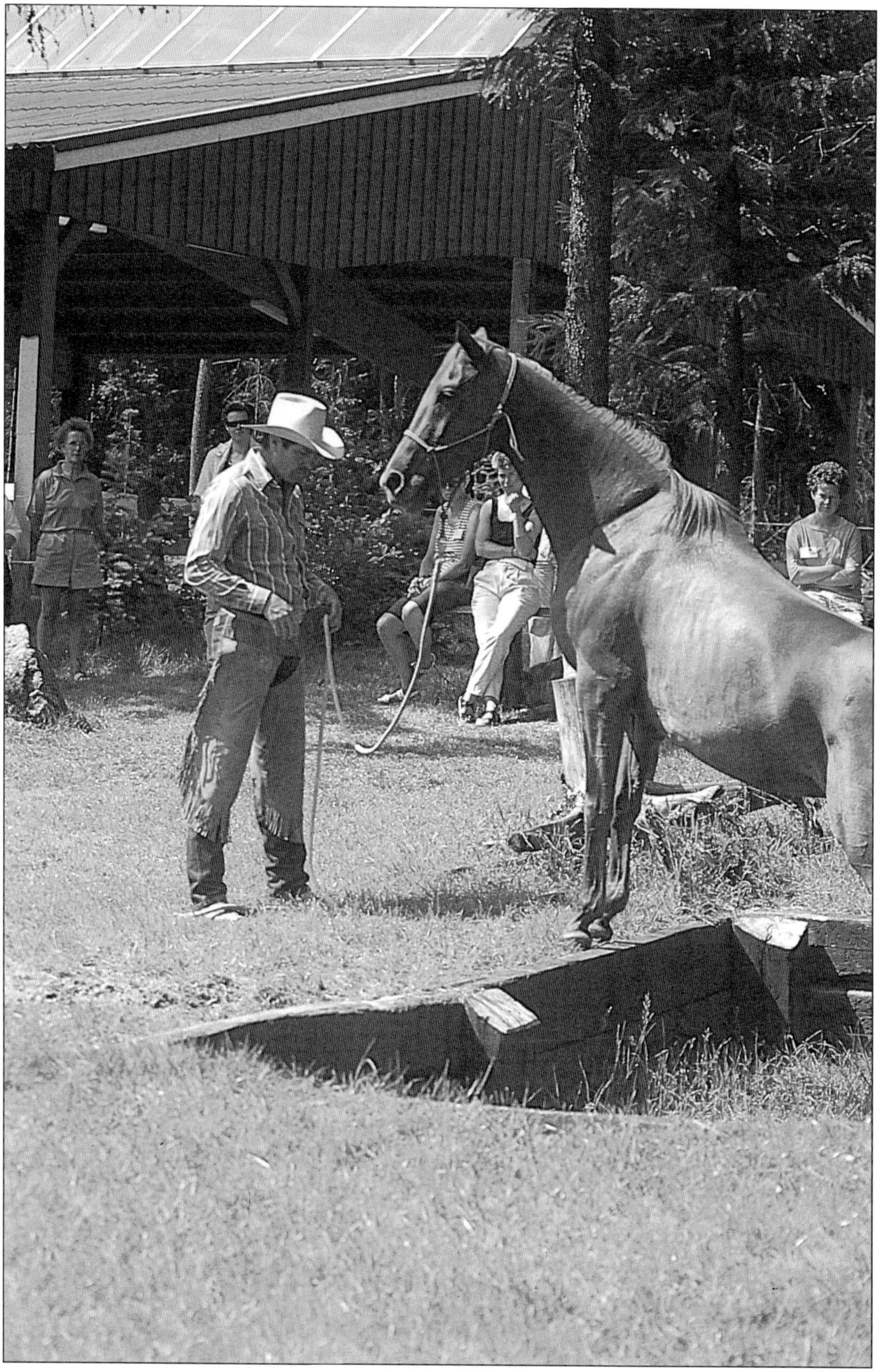

Prólogo

Este libro se ocupa en especial de la relación entre persona y caballo de un modo al que se presta demasiada poca atención, es decir hallándose el domador/jinete en el suelo y no encima del caballo.

La mayoría de jinetes sólo se ocupa intensamente de los problemas que surgen cuando está encima del caballo. El hecho de que muchos de tales problemas se puedan corregir mucho mejor e incluso evitar con el trabajo pie a tierra se desconoce o no se conoce lo suficiente.

Ejemplos que hacen destacar el trabajo pie a tierra son, p. ej., la doma en libertad o los ejercicios de alta escuela con riendas largas, que, por supuesto, no están al alcance de todo el mundo y en este libro tampoco salen a relucir.

Pero lo que sí puede conseguir cualquiera que trata con caballos, si se compenetra con el comportamiento natural del animal, es una doma básica de la mano, que mejora la confianza y la obediencia del caballo. El caballo, animal de huida, se vuelve más fiable para el jinete conocedor cuando éste puede estar seguro de dominar a su caballo. También el caballo se siente más seguro con un jinete que no deja lugar a dudas de ser su superior en rango. (La dominancia aquí no significa someter la personalidad del caballo a la fuerza, sino una autoridad natural, como existe en la manada, y que debe existir para ordenar el comportamiento de los caballos entre sí.)

Por ello, el montar a caballo se vuelve más relajado, ya que se eliminan eventuales miedos del jinete ante comportamientos inesperados del caballo. Los problemas montados se pueden evitar y corregir mediante ejercicios de la mano, para relajar y flexibilizar.

Además se entrena la facilidad de observación del jinete con un trabajo correcto de la mano, sobre todo al dar cuerda. Así, incluso el neófito puede aprender a ver y reconocer tensiones y otras irregularidades del movimiento, como fallos de la secuencia y cojeras. Aquí es aplicable una adaptación de la antigua base filosófica de que el hombre sólo puede reconocer lo que conoce. Si es capaz de reconocer un fallo en el movimiento del caballo desde el suelo, y de identificarlo en una categoría de su pensamiento, también lo reconocerá más pronto cuando esté encima del caballo.

Para detectar un fallo, sin embargo, se debe tener conocimiento de cómo

Prólogo

debe ser el movimiento correcto. Para ello hay que desarrollar el conocimiento de la situación ideal, para poder comparar con la situación real.

Sólo una buena observación hace posible unas reacciones rápidas, intuitivas, del jinete/domador, como harán falta tanto en el trabajo desde el suelo como montado, cuando el caballo se rebela de alguna forma. Sólo cuando el jinete haya aprendido a reconocer en los inicios, las intenciones del caballo podrá actuar ante una actitud indeseable de éste, y así reforzar su dominancia.

También hablaremos ampliamente sobre la consciencia de los movimientos de la persona y su influencia sobre el caballo (lenguaje corporal), para que el jinete/domador tenga la posibilidad de controlar el *feedback* de su caballo. El lenguaje corporal es un detalle elemental en la relación entre jinete/domador y caballo –al principio el caballo y el hombre no tienen otro medio de comunicación comprensible para ambos, que la expresión del propio cuerpo–. Sólo más adelante, con el trabajo, se establece un idioma más complejo.

El círculo positivo: un caballo relajado y obediente, y por lo tanto extremadamente seguro –ausencia de miedo para el jinete al tener seguridad en el manejo del caballo al ser éste más fiable en sus actitudes y reacciones– mejora de la autoridad natural del jinete con base en este sentimiento de seguridad —por ello mejora de la obediencia del caballo, etc.– con el trabajo pie a tierra se puede lograr mucho más que encima del caballo.

Esto sirve principalmente para todo jinete y cada caballo, pero sobre todo para el trabajo con potros, en cuyo caso la monta se facilita enormemente tras un trabajo desde el suelo, al igual que para caballos problemáticos y/o jinetes temerosos, que ya se encuentran en el círculo vicioso del miedo, la inseguridad, la tensión. Este círculo vicioso en muchos casos sólo se puede romper mediante una de las muchas posibilidades que ofrece el trabajo pie a tierra.

Este libro sobre el trabajo pie a tierra quiere aportar su grano de arena al trato natural con caballos –y más tarde en la monta armoniosa.

Ante todo, también quiere aclarar el trabajo previo, necesario para montar y tratar con caballos, y que tan pocas veces se aprende en la escuela de equitación.

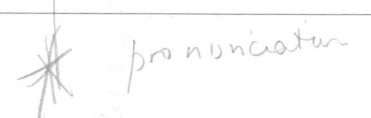

Teórica

CONOCIMIENTO BÁSICO DE PSICOLOGÍA

El conocimiento básico de la psicología equina y del comportamiento dentro de la manada son imprescindibles para un trabajo pie a tierra correcto y eficaz.

Generalidades

El caballo sólo puede responder bien a las ayudas u otras exigencias de su domador si se encuentra a gusto con él y con todo su medio ambiente. Sólo un caballo satisfecho puede mostrar la máxima voluntad para trabajar. Pero sólo estará satisfecho si el hombre le da facilidades para satisfacer sus necesidades sociales, psíquicas y físicas. Ya que esto no siempre es del todo posible (en la tenencia de caballos en su estado natural, es decir en la relación cerrada de la manada, el hombre tiene poco acceso al caballo individual) se ha de buscar una solución práctica que sea conveniente para el hombre y el caballo. Una solución que únicamente sirva a la comodidad del hombre —es decir, en el peor de los casos, la tenencia en un box o en una plaza sin poder salir libremente, nada más que una hora al día para trabajar— a la larga sólo es perjudicial. No sólo perjudica al caballo, que puede desarrollar problemas de comportamiento tales como marcha sinuosa, tragar aire, volverse asustadizo, o al contrario, completamente insensible ante estímulos exteriores, sino también al hombre, que entonces debe enfrentarse a los vicios o problemas de comportamiento del caballo que él mismo ha causado. En vez de enfadarse por ello, deberá ofrecer distracción al caballo y ser consciente de que todo ser intelectual tiene el deber ético de satisfacer las necesidades de un animal que depende de él. Si el trato con el caballo se basa en un mínimo de sensibilidad hacia las necesidades de una forma de vida diferente a la nuestra, entonces muchos problemas en el uso del caballo se podrán evitar o corregir, y ambos —jinete y caballo— estarán más satisfechos.

Los siguientes capítulos tratan de la estructura del comportamiento equino y de cómo el hombre debe actuar y reaccionar de manera justa y comprensible ante el caballo, haciéndose entender de modo «natural». Éstas son las bases para la enseñanza y la doma del caballo desde el suelo y, más adelante, también montado.

APRENDER EL LENGUAJE DEL CABALLO

En este capítulo se trata el comportamiento específico de la especie equina. Se dan indicaciones de cómo aprovechar este conocimiento en la doma. (Indicaciones prácticas en detalle –vea también el capítulo Trabajo de Base.)

Comportamiento de manada, jerarquía, comportamiento social

Toda convivencia ordenada de individuos en grupo se basa en ciertas reglas. Una de las reglas más importantes es la posición que ocupa el individuo dentro del grupo –ante quién debe ceder y obedecer, y a quién puede pedir obediencia a su vez–. En cada grupo existen claros indicios sobre la posición, el rango de cada individuo: entre los hombres más sutiles y menos visibles, entre caballos más evidentes –y lo que tiene importancia en la doma del caballo, puede ser imitado en parte por el hombre.

En este contexto es interesante saber cómo se llega a ocupar la posición individual dentro de la manada.

Los machos deben luchar por esta posición. De ahí el manejo más difícil del caballo entero en el trabajo. Se rebela con más facilidad, no acepta las injusticias tan fácilmente y, ante todo, se deben tratar consecuentemente.

Las yeguas heredan su rango. El potro de una yegua que ocupa un segundo lugar en la manada, también tiene este segundo rango. Al crecer, el macho joven debe luchar por su posición, la yegua joven no. Esto explica la hostilidad entre muchas yeguas. En tales circunstancias poseen el mismo rango y por eso difícilmente se llevan bien.

Si el hombre refleja su posición dentro de la sociedad mediante objetos de lujo, como un Mercedes de coche de empresa, un Rolex en la muñeca, o muebles caros de diseño, muchos de estos símbolos únicamente se reconocen como tales dentro de una sociedad determinada y no se comprenden ni se conocen en otra sociedad humana donde rigen otros valores.

La falta de autoridad o de carácter en según que circunstancias se puede disimular mucho tiempo con apariencias exteriores entre las personas antes de que se descubra.

Los caballos, sin embargo, descubren en seguida la debilidad de un compañero, pero también las debilidades humanas de su domador, ya que no se dejan engañar por símbolos externos. Su sistema de jerarquía

Comportamiento típico de la especie en libertad.

es entendido por todo caballo (si no sufre claras alteraciones de comportamiento, que tampoco es raro) y puede ser aprendido y aprovechado por el hombre. Se basa en la simple regla de que el caballo de rango inferior debe apartarse ante el de rango superior.

El caballo de rango máximo (el caballo líder) en principio puede echar a cualquier otro caballo del sitio donde esté –ya sea ante la comida, el agua, o en pleno campo, simplemente porque quiere, sin razón aparente.

La jerarquía entre los caballos en un prado cualquiera se reconoce fácilmente al ver qué caballo se aparta ante otro. El hombre puede ocupar el puesto del caballo líder si lo hace retroceder de su sitio en el campo. Puede hacerlo sin razón alguna –la intención siempre será comprendida por el caballo por su sentido natural de la jerarquía que implica esta actitud de imponerse–. Por razones de seguridad propia, esto nunca debe hacerse en medio de la manada, sino cuando el caballo esté solo en un campo. Sobre todo los caballos muy mimados y «humanizados», al principio, no tomarán en serio a la persona que pretende ocupar su sitio. Hace falta una fusta o tralla y un buen dominio del lenguaje corporal propio (véase el capítulo correspondiente), para evitar que un caballo así se enfrente con la persona que le disputa el puesto (más detalles al respecto en la página 54-55). Además de echar al otro del sitio, hay otros claros indicios del rango que ocupa un caballo dentro de la manada. Ésta es su posición al lado de, delante o detrás, de otros caballos, cuando se mueven en grupo o toda la manada.

La yegua madre ofrece protección al potro.

El semental empuja la yegua lateralmente desde atrás.

A título individual, se observa lo siguiente:

1. Un caballo de rango inferior no puede pasar por delante de uno de rango superior.

El caballo de rango superior defiende su posición con amenazas como enseñar los dientes, con las orejas hacia atrás, o, si es necesario, una coz bien apuntada.

El caballo de rango inferior puede andar directamente detrás del superior, o bien oblicuo al lado, con la cabeza a la altura de las espaldas del superior. No puede sobrepasar este límite, si no quiere buscarse una reacción agresiva del caballo superior.

2. El caballo de rango inferior suele seguir siempre al superior sin rechistar, incluso en situación de peligro, ya que el caballo superior al mismo tiempo le hace la función de protector. Este comportamiento hace que la manada, en caso de peligro, no se deshaga en todas direcciones, sino que aproveche la protección que ofrece la unión de la manada en la huida. Sobre todo para los potros sirve esta regla de seguir siempre a la madre sin pensárselo, que es quien le protege. Por consiguiente, los caballos de rango superior son los que indican la dirección del movimiento o de la huida. Los demás no cuestionan esta dirección.

3. El caballo de máxima autoridad o semental jefe puede empujar a cualquier otro de su grupo desde atrás o desde el costado. En cualquier dirección –incluso, si es preciso, fuera de la manada–. De este modo mantiene su manada unida por un lado, y por el otro rechaza a sementales jóvenes que empiezan a querer imponerse.

4. El semental jefe y la yegua jefa conviven al mismo nivel dentro de la manada. No suelen disputarse los cargos entre sí. Cada uno tiene sus responsabilidades. Cuando la manada se pone en movimiento, generalmente la yegua va en cabeza. El semental jefe protege la retaguardia. También puede empujar a la yegua desde atrás, si no está de acuerdo con la dirección que toma ella.

El domador debe tener en mente estas cuatro reglas básicas del movimiento natural de los caballos ya que le pueden facilitar el trabajo.

Aprovechar los patrones básicos

¿Cómo? Simplemente al llevar el caballo. Cuántas veces se observa que no es la persona quien lleva al caballo, sino al revés, el caballo lleva a la persona, o, con mayor o menor elegancia, la arrastra. El ritmo y hasta la dirección es determinada por el cuadrúpedo. O el otro extremo: el caballo se arrastra detrás de la persona, mirando a todas partes despistado y casi atropella a la persona cuando ésta de repente se para. Ambos caballos tienen falta de respeto hacia sus domadores/jinetes. Montados, puede que hagan lo que se les pida la mayoría de las veces. Pero en cuanto el jinete se halla en el suelo se hace evidente su falta de autoridad por el comportamiento descarado del caballo. Y es que hay una razón lógica por la cual la mayoría de las personas aún se defiende más o menos con su caballo mientras están encima, pero tienen problemas tan pronto ponen pie a tierra y tienen que manejar el caballo desde abajo: cuando el jinete está montado encima del caballo de alguna manera imita la posición que ocupa el semental jefe cuando empuja a un caballo inferior –está por detrás de su campo visual–. Hasta este punto el jinete tiene cierta autoridad, meramente por su posición.

Sin embargo, es obvio que hay que tener esta autoridad siempre –también desde el suelo–. Entonces el caballo será mucho más manejable y en un momento de apuro no dará media vuelta, sino que seguirá a su jinete de la mano, ya que su instinto le ordena a seguir al «animal» de rango superior. Esto es muy importante en la doma de caballos destinados al paseo o pruebas de campo.

En resumen pueden aprovecharse las distintas posiciones para llevar el caballo de la mano como sigue:

1. El caballo no debe adelantar a la persona.

Teórica 15

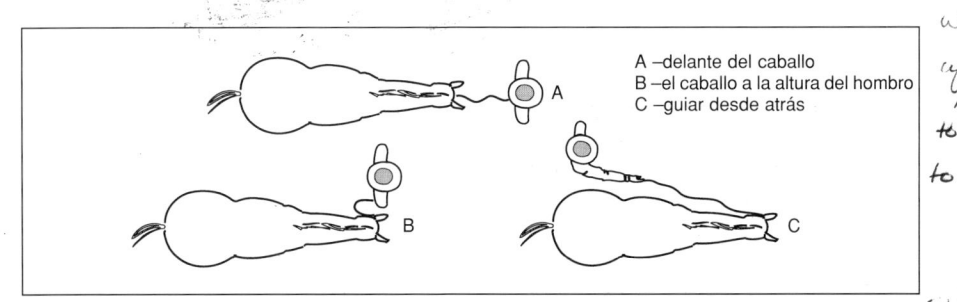

A – delante del caballo
B – el caballo a la altura del hombro
C – guiar desde atrás

Las distintas posiciones para llevar el caballo.

Cuando el caballo es llevado al paso, su cabeza debe permanecer detrás del hombro de la persona. Si el caballo intenta salirse de esta posición, se le da un firme tirón de la cabezada. Si no reacciona, la persona puede poner su codo por delante de la nariz del caballo, o pararse y dar un toque con el extremo de la cuerda sobre el pecho del caballo cuando éste quiera adelantarse.

Si todo ello no funciona, se llevará el caballo con una cadena. Un breve tirón de la cadena pondrá el caballo en su sitio con toda seguridad. Si no es con el primer tirón será con el segundo o tercero. De ninguna manera el domador debe emprender una lucha tirando del caballo ya que por fuerza siempre ganará el caballo. El ronzal debe volver a aflojarse siempre (los jinetes *Western* lo llaman también el método *pull-and-slack*: tirar y aflojar) y mediante tirones cortos, repetidos, se le hace desagradable al caballo el correr de la mano. Si el caballo ha comprendido que su lugar está oblicuo detrás de la persona se puede continuar con otros ejercicios. Ahora, el domador puede exigir la atención ininterrumpida del caballo hacia sus movimientos. Por ejemplo, el domador puede pararse de repente. Si el caballo sigue andando, se le volverá a dar un tirón del ramal.

Al principio el domador puede anunciar su parada verbalmente con la orden «Ho» o «Alto». Más tarde el caballo deberá reaccionar directamente al pararse la persona. Este ejercicio tiene doble utilidad: primero el domador obtiene un caballo agradable de llevar y, segundo, atrae la atención del caballo sobre su persona al parar y volver a andar, cosa que será muy importante para el progreso de la doma de la mano.

Si el ejercicio sale bien, se puede hacer lo mismo al trote. El domador camina por delante del caballo y se para de repente. Al principio, puede hacer trotar al caballo con la voz y pararlo con el brazo levantado o el codo delante de la nariz. Más adelante, el caballo debe reaccionar sin estas ayudas.

Con este ejercicio el domador puede reforzar su posición frente al caballo y además entrenar el posterior.

Cuando también esta lección vaya bien, el domador puede comenzar a dar unos pasos hacia atrás, tras parar el caballo, para animarle a retroceder. (Vea también el capítulo Entrenamiento de la Dominancia.)

Incluso un caballo con miedo debería seguir a un buen domador con ta-

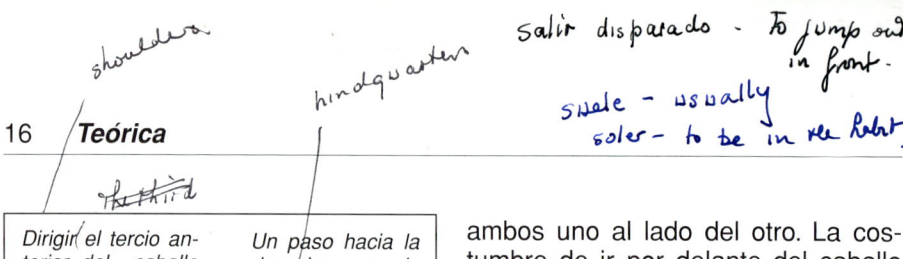

Teórica

Dirigir el tercio anterior del caballo hacia la derecha con la fusta o el ramal.

Un paso hacia la derecha empuja la grupa del caballo hacia un lado.

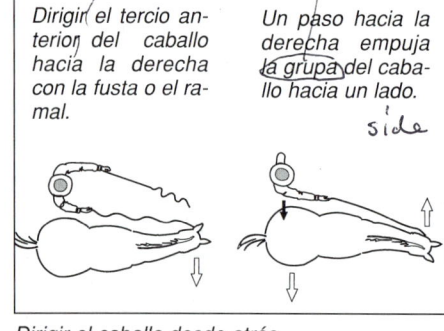

Dirigir el caballo desde atrás.

les ejercicios en todas direcciones: el caballo no puede quedar por delante de su superior –ya que éste le da protección– y debe seguirle a ciegas.

2. Para fijar su dominancia aun mejor, el domador debe guiar el caballo oblicuo desde atrás (empujarlo como el semental jefe).

Para ello hace falta una cuerda larga, o la rienda larga, de modo que se pueda andar junto al posterior del caballo (vea también el capítulo Ayudas y Dominancia).

Haciendo ceder el posterior y moviendo la cuerda hacia la cabeza del caballo, se le puede dirigir desde atrás.

Si el domador sólo usa un ramal, entonces dependerá mucho de la exactitud de su lenguaje corporal. Al emplear las riendas largas (véase el capítulo Riendas Largas), que se pueden poner en el filete, el domador tiene más influencia con un «medio técnico de fuerza» sobre la cabeza y el anterior del caballo y, por consiguiente, sobre la dirección de su movimiento.

El guiar desde atrás tiene sus ventajas en pasos estrechos, en los cuales o el caballo o el domador debe ir por delante, ya que no hay sitio para ambos uno al lado del otro. La costumbre de ir por delante del caballo en un paso estrecho no es muy aconsejable, ya que en una posible reacción de pánico el caballo siempre sale disparado hacia adelante, lo cual puede ser peligroso para el que vaya por delante.

Si el caballo reacciona bien al guiarlo desde atrás, está claro quien manda, ya que al imitar la posición del semental jefe, el caballo guiado no suele poner en duda quien manda.

Muchas veces puede verse cómo el caballo empuja al domador lateralmente, lo que no se debe consentir de ninguna manera, pesando el domador a su vez contra el caballo. Si el caballo empuja al domador, es una clara infracción del territorio privado, o sea una infracción de las reglas de jerarquía. Un toque con la fusta contra la cabeza del caballo lo pondrá en su sitio.

Comportamiento de agresión y sumisión

Para comprender el comportamiento del caballo, es importante conocer las expresiones naturales de sumisión así como el comportamiento agresivo de un caballo que busca una confrontación.

Expresiones de sumisión son por ejemplo el retroceder del caballo, así como el masticar.

El domador puede exigir el retroceder al caballo dentro del marco del trabajo de dominancia (véase el capítulo correspondiente).

El masticar con la boca abierta y castañear con los dientes, con lo cual un potro pide permiso/perdón ante un caballo mayor, rara vez será mostrado por el caballo ante su domador. Lo que sí muestra, es el masticar con la

Teórica

boca cerrada, cuando el caballo literalmente «mastica y digiere», es decir está «pensando» sobre una lección que acaba de recibir. En este caso siempre es conveniente dejar «pensar» al caballo tranquilamente, al igual que tras una lección nueva o estresante, para que pueda digerirla.

El domador también debe reconocer claramente el comportamiento agresivo del caballo para poder reaccionar en seguida y no cuando ya corra peligro su persona. Si el caballo pone las orejas hacia atrás o enseña los dientes al domador, le gira el posterior y levanta un pie, o intenta levantarse de manos, son claras señales de la falta de autoridad del domador. También cuando el caballo viene hacia el domador sin pedírselo, cuando se le está dando cuerda, puede encubrir una agresión.

Si ante estas pequeñas muestras de fuerza el domador reacciona demasiado tarde, el caballo pronto será quien domine y puede volverse peligroso. (Más detalles en el capítulo Problemas.)

Comportamiento de huida. Sobreponerse al miedo

Aunque el caballo sea un animal de manada y no solitario, necesita –según cada individuo– más o menos espacio libre personal. Necesita este espacio para tener libertad de movimientos, es decir, en caso de necesidad poder estar preparado para la huida.

Hay que tener en cuenta esto cuando se trabaja con caballos, para evitar una reacción de pánico del caballo resultando en una situación totalmente fuera de control. El caballo eleva la cabeza y el cuello para prepararse ante la huida: al levantar la cara gana visibilidad y descarga los anteriores, para así con un giro rápido sobre el posterior poder cambiar de dirección (posición de alarma).

Actitud de alarma del caballo –hacia adelante o hacia atrás– como se puede observar por sus orejas.

De ello se deducen tres reglas básicas para el trabajo de la mano:

1. Dejar que el caballo pueda girar la cabeza y el cuello

Sólo entonces podrá poner toda su atención en el domador, ya que deja de estar en alerta –preparado para la huida– y confía en la protección que le ofrece el superior, el domador.

2. Dejarle posibilidad de decisión y una salida fácil

La salida más cómoda lógicamente debe escogerse de modo que sea de acuerdo con el domador.

Un ejemplo fácil: El domador quiere que el caballo ceda lateralmente hacia la derecha. Para ello puede «molestar» al caballo por el lado izquierdo, tocarle con el extremo de la cuerda el posterior y el costillar como se describe en el capítulo Equipo, impedir el movimiento hacia adelante mediante tironcitos de la cabezada de cuadra, y hacerle desagradable el avanzar hacia adelante, hacia atrás o lateralmente hacia la izquierda, y el quedarse parado en el sitio. De hecho, el caballo también puede optar por estas direcciones –por lo tanto tiene varias salidas–. Pero, el ceder hacia la derecha es en este caso la única solución agradable para el caballo –cada paso hacia ese lado es compensado inmediatamente soltando la cuerda y dejándolo en paz, mientras que todas las demás direcciones se le hacen desagradables–. No dejan de ser una alternativa para el caballo, pero no le resultan agradables. Finalmente el caballo opta por la vía deseada, que le pide el domador.

En otros ejercicios el caballo tiene menos opciones.

Trabajo voluntario

Este tipo de trabajo es muy eficaz, ya que el caballo, de cierta manera, cree haber decidido la dirección por propia iniciativa, que es la que desea el domador. Es un paso hacia la colaboración voluntaria, dejando de lado la presión visible en favor de una especie de «guerra psicológica». Sobre todo con caballos de fuerte personalidad es un buen método para no provocar defensas al prescindir de claros medios de fuerza.

3. Trabajo a distancia

El domador no debe aprisionar el caballo con su propio cuerpo.

Si se dirige al caballo con el propio cuerpo (vea el capítulo de Lenguaje Corporal) hacia una dirección que le da miedo y, por ejemplo, a través de un paso estrecho, no quedan otras opciones de salida; hay que evitar por todos los medios ponerse demasiado próximo al caballo (cómo se trabaja el caballo a distancia se describe con más detalle en el capítulo de las Ayudas) para evitar que el caballo vea como única salida el pasar por encima del domador o de escaparse en pánico por un sitio demasiado estrecho, y no en la dirección deseada. Con una reacción semejante se corre el riesgo de que se lesione el caballo y/o el domador.

Una distancia de unos dos metros suele ser suficiente para que el caballo no se sienta amenazado. Se respeta así su espacio libre necesario. Aunque el ejercicio puede tomar su tiempo, hasta que el caballo decide ir en la dirección «peligrosa» deseada, al menos no intentará escaparse en una dirección imposible, ya que no se despierta su instinto de huida al no forzarlo.

Los ejercicios para sobreponerse al miedo, con los cuales el caballo finalmente opta por sí sólo por la dirección deseada, ya que su instinto natural le obliga a seguir las indicaciones de su superior –el domador–, son excelentes para aumentar su confianza.

El caballo nota en seguida que todo lo que le pide la persona de confianza no implica peligro, y cogerá cada vez más confianza, lo cual a su vez es deseable para fijar la autoridad del domador.

La creación de confianza y fijar la autoridad del domador van mano a mano, se complementan.

Esto significa que con una *doma demasiado blanda*, cuando el domador cede una vez tras otra, pensando «pobre caballo, tiene miedo, dejémoslo», *será el caballo quien tome confianza*. El domador que comete errores en la doma básica del caballo, en el sentido de aprovechar su comportamiento natural, a la hora de montarlo tendrá que recurrir mucho más a menudo a medios técnicos de fuerza, si quiere dominarlo, ya que éste no le tiene respeto y, por tanto, tampoco confianza, y siempre cuestionará lo que se le pida.

Una educación firme de ningún modo implica el uso de la fuerza contra el caballo, sino siempre una firmeza calmada pero inflexible, una especie de mandato impasible por parte del domador, con el lema «Toma todo el tiempo que necesites, pero al final harás lo que debes».

Otras formas de sobreponerse al miedo pueden ser con el saco, que usan los jinetes *Western* para acostumbrar a sus caballos a cosas «peligrosas», y el habituar al caballo a dejarse tocar con la tralla o la fusta sobre todo el cuerpo, y al ruido de la tralla.

Con el saco se deja libertad al caballo para escaparse con la cuerda larga mientras se le toca con el saco, bolsa de papel o de plástico, o una manta. (Para ampliar el alcance del propio brazo se puede atar el saco o la bolsa a la punta de la tralla para dejarla caer sobre el caballo, o hacer rodar una pelota grande hacia él.)

Durante un rato reaccionará completamente asustado, saltando y brincando, hasta que se canse, y se dé cuenta que incluso el plástico más ruidoso no implica ningún peligro.

Para tener algo más de control sobre el caballo, en vez de la cabezada de cuadra, se puede usar una War cabezada, la cadena, o un cabezón de

Acostumbrarse al saco: una bolsa que hace ruido, da miedo. El caballo debe mirarla y, finalmente, aceptar ser tocado con ella.

dar cuerda (vea Equipo) –pero de ningún modo una cabezada con filete–.

De modo similar se puede acostumbrar el caballo a dejarse tocar con la fusta o la tralla.

Si el domador durante estos ejercicios siempre permanece soberano y calmado, incluso cuando el caballo salta y brinca locamente a su alrededor, tanta más confianza le tendrá el caballo después.

Juego y trabajo. Atención del caballo

Cuanto más inteligente sea el caballo más ganas de jugar tendrá y más curioso será. Las ganas de jugar a menudo son indicio de la inteligencia del caballo.

Las ganas de jugar y la curiosidad, por un lado facilitan el trabajo con el caballo, ya que éste se interesa por muchas cosas y aprende con rapidez. Pero también complican la doma, ya que el caballo pronto se aburre y deja de concentrarse en los temas que justamente están sobre el «programa». Si el domador tiene en cuenta este hecho, siempre procurará distraer al caballo al notar que éste ya no muestra interés. Un caballo inteligente exige mucho más del domador que uno menos listo, ya que éste siempre tiene que ingeniárselas buscando novedades para motivar al caballo.

Motivación

Una motivación es por ejemplo el *jugar* con el caballo. Muchos domadores lo descartan de entrada, ya que consideran que al jugar con el caballo, el domador pierde autoridad. Pero si se tiene en cuenta el comportamiento de manada, el caballo superior también suele jugar con sus inferiores, lo cual no quita que, a lo mejor, pocos minutos después, eche de la comida a mordisco limpio a sus camaradas de juego. Con el juego, nadie ha cuestionado su superioridad. Con lo cual se deduce que también el hombre puede jugar con el caballo sin problemas. Durante el juego puede reconocer muchos más talentos del caballo que con el trabajo, que siempre se llevará a cabo según un modelo básico –de acuerdo con el método de cada domador–. No obstante, durante el juego el domador debe observar bien al caballo, ya que los límites entre el juego sin peligro y el inicio de la hostilidad del caballo no están muy marcados. Además, el domador debe dejar bien clara la diferencia entre el juego y el trabajo. Por ejemplo, puede diferenciarlo dejando al caballo completamente suelto –sin cabezada de cuadra– para jugar, mientras que para el trabajo siempre llevará como mínimo una cabezada de cuadra.

Para jugar con el caballo, el domador debe «armarse» con una fusta larga o tralla –por si acaso el caballo traspasa el límite del juego a la seriedad–. Y debe dominar muy bien su lenguaje corporal (véase el capítulo correspondiente), para poder imponer su autoridad en un momento crítico, que nunca se descarta.

Además es aconsejable tener a punto unas *maniobras de distracción* para situaciones críticas, es decir tener pensado de antemano cómo reaccionar ante una situación posible, sin provocar al caballo innecesariamente. Estas ideas sobre cómo actuar ante una reacción se vuelven a tratar en el capítulo siguiente.

Todo lo que aprenda el caballo durante el trabajo, se debe poder anu-

Teórica 21

Un hábito del caballo, descubierto por casualidad, como esta tendencia a golpear con la mano puede desarrollarse hasta convertirlo en truco.

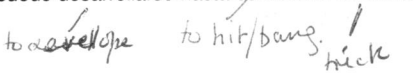

Durante el juego, el caballo está atento al domador por propia voluntad. Esto fomenta una relación armoniosa entre caballo y persona.

lar. El caballo nunca debe cuestionarlo. Sin embargo, durante el juego, el caballo puede hacer movimientos y mostrar comportamientos que el domador no puede anular de entrada.

No obstante, con el tiempo puede usar la capacidad que muestra el caballo en el juego para el trabajo, y hacerla anulable –de este modo se entrenan a menudo los caballos de circo–. El domador observa al caballo durante el juego y más adelante va perfeccionando estas actitudes. Esto no quiere decir que todos los caballos tengan el mismo potencial para hacer determinados ejercicios, sino que muchas veces sólo un gesto singular puede ser perfeccionado hasta convertirse en «truco».

Objetivos abiertos

La ventaja del juego es que no hay un objetivo especial. El domador normal tiene un objetivo al trabajar sus caballos. Por ejemplo, el caballo debe ser domado para hacer doma clásica, para la monta *Western*, o para raid. Se elabora un plan de entrenamiento con ese objetivo.

Pero un objetivo determinado siempre conlleva una limitación de las posibilidades. El domador descuida todo lo que no lleva a su objetivo. Con ello, muchos talentos del caballo pueden permanecer ocultos, ya que nunca han salido a la luz. Pero, si desde el principio uno no se queda en un objetivo limitado –es decir, toma sus objetivos más abiertos–, no cierra los ojos ante comportamientos y movimientos que el caballo despliega durante el juego y que pueden ser desarrollados.

Unos objetivos abiertos pueden ser por ejemplo: «Quiero trabajar mejor y más armonioso con mi caballo», o: «Quiero dar una imagen de ligereza y armonía con mi caballo», etc. Tales objetivos no son limitativos. Los talentos descubiertos por casualidad –en el juego– pueden ser incorporados en el trabajo, por diversión –a ver qué sale de ello...

Esta forma de trabajo –una meta mas abierta– también evita desilusiones, cuando el caballo no da la talla para el objetivo primario limitado, es decir cuando el caballo programado para hacer doma clásica resulta no tener suficiente movimiento, o el caballo para *reining* al hacer un *spin* se hace un nudo con las patas. Quizás el caballo de doma resulta mejor para salto, y con el de *reining* se ha perdido un auténtico caballo de circo.

Mientras sólo se ve un objetivo, no se intuyen las posibilidades que se pueden dar en el camino hacia esa meta. El componente de juego en el trabajo nos hace trabajar con el «ahora», no solamente hacia el objetivo. No obstante, se necesita tiempo para ocuparse de lo que ofrece el caballo. Tiempo para los intentos, no siempre fructíferos, de perfeccionar un movimiento a modo de juego y de conseguir que el caballo lo haga cuando se le pide. En este contexto no hay reglas fijas de cómo se debe trabajar cualquier gesto del caballo. Sólo se puede probar qué señal será mejor aceptada por el mismo.

El juego aumenta la atención del caballo

Durante el juego, la atención del caballo hacia el domador es totalmente voluntaria. El caballo tiene la sensación de actuar completamente por iniciativa propia. Esto naturalmente motiva al caballo sobremanera. Si el domador consigue pasar algo de esta motivación al trabajo, ya tiene un problema menos en el trabajo de pie a tierra (y más adelante en la monta): a saber, atraer la atención del caballo hacia su persona, la condición básica para un trabajo eficaz con el caballo.

¿Qué hace el domador para jugar con un caballo? Cuando se observa el juego entre dos caballos, que a menudo se tratan con bastante brusquedad, evidentemente no se puede pretender que este tipo de juego se haga entre persona y caballo. El hombre no soportaría un pellizco juguetón del caballo en su cuello. Por eso al jugar con el caballo se deben *guardar las distancias*. Con un falso ataque, caminando hacia el caballo como si fuera a echarlo del sitio donde está, el caballo reaccionará con un brinco hacia un lado, moviendo la cabeza y el cuello –o bien se da media vuelta como si le hubieran picado, y corre una vuelta por toda la pista, generalmente botándose–. Pero siempre al poco tiempo se quedará parado, observando al domador/compañero de juego, como preguntándose ¿y ahora qué?

En el juego, el domador debe ser quien tome la iniciativa la mayoría de las veces, para evitar verse en una situación en la que casi no puede quitarse el caballo de encima. Durante el juego yo no recomendaría dar recompensas en forma de golosinas –éstas sólo conllevan que el caballo se nos venga encima–. Y, recompensas, ¿para qué? –en el juego el caballo no hace nada para ser premiado.

Dejar que el caballo se levante de manos jugando, es muy peligroso, ya que precisamente aquí se pierde el control con facilidad, sobre todo cuando la persona, viéndose el caballo encima, retrocede. En este momento el caballo ha aprendido que su superior, el hombre, cede ante él cuando se levanta de manos. De hecho sólo es peligroso el caballo que se levanta alto, de manera agresiva, e incluso puede ir a por la persona. El levantarse un poquito y girar sobre el posterior no conlleva peligro, ya que con ello el caballo está en retirada.

Con el juego también se puede entrenar la confianza del caballo. Se pueden repartir objetos «peligrosos» por la pista, con los cuales el caballo irá tomando contacto mientras juega.

Por ejemplo se puede hacer rodar una pelota grande hacia él —y el caballo por supuesto saldrá corriendo—. Pero a la larga gana su curiosidad, y se repite el procedimiento hasta que al caballo le divierta, más que asustarle. La libertad de poder huir ante una situación de miedo, y luego volver (por propia iniciativa) por curiosidad a investigar el objeto peligroso, es decir el convertir su miedo y desconfianza en juego, tiene un efecto muy positivo sobre la relación hombre-caballo, ya que el caballo pierde su miedo sin ser forzado por el hombre. Esto, a la larga, significa que la sola presencia del domador puede calmar al caballo en situaciones críticas.

Para el trabajo es importante el comportamiento de aprendizaje del caballo: un caballo puede aprender tanto por costumbre como por comprensión. Si aprende por comprensión, la materia aprendida queda mejor grabada. El caballo puede comprender, cuando la materia le es enseñada en su lenguaje —es decir, que el comportamiento de manada sea la base de la doma—. También se puede acostumbrar el caballo mediante la doma, un sistema complejo de premios y castigos, para lograr el comportamiento deseado. Ambos sistemas de enseñanza tienen sus fundamentos. Ademas se complementan, ya que el sistema de premios también debe recurrir a premios y castigos comprensibles, que a su vez en parte provienen del comportamiento natural de manada.

Premios y castigos

Premios y castigos —o dicho de otra manera: una sensación agradable y otra desagradable, que el caballo puede asociar con ciertos comportamientos o cosas— son fuerzas motoras que motivan al caballo a hacer o dejar de hacer algo.

Para poder influir sobre el caballo con premios o castigos, hay que saber con exactitud qué representa un premio o castigo para el caballo. Hay que evitar en este contexto humanizar al caballo.

El caballo, sobre todo los de mucha sangre como el árabe o el purasangre, tiene un sentido muy refinado del comportamiento justo o injusto por parte del domador. Acepta un castigo sin más, si puede comprenderlo, y por su parte relacionarlo con un comportamiento indebido. Pero, cuando no sabe a qué viene un castigo, reacciona con violencia y se puede olvidar uno del trabajo por ese día, ya que el caballo se rebela.

Fair, friendly, firm, fast

Pat Parelli, un artista dentro del método natural del trabajo pie a tierra, inventó el concepto de las «4 f» para el manejo correcto del caballo. Se trata de las cuatro palabras clave: *fair, friendly, firm* y *fast*. Es decir justo, amable, firme y rápido. Describen a la perfección la actitud deseable por parte del domador. Aun se podría añadir un 5º concepto, el de la consciencia, como veremos en los capítulos siguientes.

En el contexto de los premios y castigos, los conceptos de *fair* y *fast*, es decir justo y rápido son muy importantes. Para que el caballo pueda relacionar un castigo o un premio directamente con su actitud, debe seguir inmediatamente a sus actos. Esto nuevamente implica que el domador debe saber reconocer una actitud deseada o indeseada en sus inicios.

Aquí volvemos a la observación detallada del caballo. Por ejemplo, al dejar que el caballo haga lo que quiera cuando se le da cuerda, sin dirigir el trabajo, muchas veces lleva a travesuras por parte del caballo, ya que puede hacer lo que se le antoja, sin que el hombre le dé un feedback.

El caballo debe sentirse siempre observado por el domador –de este modo él también prestará siempre atención al domador.

Un premio o castigo inmediato y justificado, consigue que el caballo confíe en su domador, ya que le para los pies. Naturalmente, siempre hay que procurar dar más premios que castigos –pero el caballo también aceptará un castigo cuando sea merecido y justo en el sentido de dejar claro quien manda–. En este contexto también es importante, cuando el caballo se rebela más a menudo en este sentido, no aplicar el mismo castigo. En ese caso el caballo ya espera ese castigo y, de antemano, se pone rígido o intenta escaparse. Si el caballo no sabe por dónde le va a venir el castigo, tampoco se podrá preparar para ello. Por lo tanto, se debe castigar la misma infracción una vez con un toque de la fusta, otra vez con un tirón de la cabezada de cuadra, la próxima vez con un grito, etc. Obviamente el castigo debe adaptarse al comportamiento de cada caballo –nunca demasiado fuerte, pero de modo que el caballo lo tome en serio.

Antes de tratar por aislado los puntos que el caballo considera agradables (premio) o desagradables (castigos), aún quisiera decir algo sobre la clasificación del comportamiento deseable o indeseable del caballo:

Hay cosas que de ninguna manera se deben tolerar de un caballo, como por ejemplo el claro desprecio hacia su domador, atropellándolo o corriendo por delante de él cuando va de la mano, pisarle el pie sin miramientos, morderle o incluso amenazarle con una coz. Este tipo de cosas muestran una clara falta de respeto por parte del caballo: no se ha establecido la jerarquía.

Sin embargo, hay otras actitudes del caballo que cada domador puede aceptar o no, a su parecer. En cada caso hay que diferenciar si una actitud determinada representa una infracción de la jerarquía o no. Si éste no es el caso, se puede admitir como una peculiaridad del caballo –al fin y al cabo tampoco queremos un animal como un robot–. Estas actitudes pueden ser por ejemplo el hecho que el caballo se bote a la cuerda, para soltar sus tensiones –dejará de hacerlo cuando se relaje, y después podrá trabajar tanto mejor–. O que ponga las orejas hacia atrás cuando alguien entre en el box –para muchos caballos el box es territorio privado y no les gusta ser molestados–. Creo que esto es aceptable, mientras el caballo se limite a este gesto y no llegue a atacar al hombre de ninguna manera. A muchos caballos no les gusta que los sujeten mucho rato para acariciarlos –esto también podemos aceptarlo–. Vienen por sí sólos cuando buscan contacto. Pero al cepillarlo, debemos poder tocarlo por todas partes –con un caballo muy sensible en la cabeza podemos hacer otra excepción y limpiarle la cara con un paño, no con el cepillo.

Menciono estas pequeñeces, ya que el domador debe evitar irritar al caballo sin necesidad. Si acepta estos detalles de su caballo, éste se encontrará a gusto con el manejo de su domador. Pero si el domador intenta erradicar este tipo de sensibilidad del caballo, ya estaría provocando una confrontación con él sin necesidad, y que sólo perjudica la relación hombre-caballo con fricciones constantes.

Muchas de estas manías no se pueden erradicar del todo, pues forman parte de la personalidad del caballo. El reconocer (y aceptar) estas manías pertenece nuevamente a la categoría del buen observador. Suelen reconocerse con más facilidad al observar al caballo en el trato con sus congéneres.

Volvemos a los premios y castigos.

Los premios siempre deben proporcionar una sensación de bienestar al caballo.

Premios comprensibles para el caballo son:

1. Dar pequeñas golosinas para un comportamiento deseado

(Incluso para el neófito un premio se da fácilmente, pero a la larga no siempre se justifica.)

Las golosinas como premio suelen ser un auténtico medio auxiliar. Pero con muchos caballos (no todos) se corre el peligro de que se vuelvan muy pegajosos cuando saben que el domador siempre lleva alguna golosina en el bolsillo. Este vicio, cuando el caballo mete la nariz en todos los bolsillos de la persona, cosa que ella misma ha provocado al ofrecer golosinas sin ton ni son, debe ser corregido de inmediato –otra tarea añadida a la doma.

Por ello, se debe acostumbrar el caballo a hacer las lecciones que ha aprendido con una golosina como premio, más adelante también sin esperar algo a cambio. Tuve un caballo, que tras una lección específica que le había costado mucho, y siempre le había dado una golosina como premio, se me giraba automáticamente esperando la golosina después. Esto no es deseable a la larga. O sea: cuando se trabaja con premios comestibles, que éstos se ofrezcan sólo esporádicamente, para no confundir al caballo cuando ya no reciba nada tras un ejercicio ejecutado correctamente.

2. Descansos - Relajación - Alivio

Los periodos de descanso son excelentes premios. Tras un ejercicio difícil –por ejemplo obstáculos de campo complicados– dejar el caballo parado un rato, para digerir lo ocurrido, puede ser más premio que una golosina. Se le da la oportunidad de relajarse tras un ejercicio exigente. Esta relajación es muy importante para su bienestar. Por ello: Relajación = Bienestar = Premio.

Cuando el caballo ha realizado un ejercicio que le daba mucho miedo, tras esta lección el momento de relax le sirve como alivio.

3. Dar seguridad al caballo

La tranquilidad del domador le da la sensación al caballo de que no le puede pasar nada. Los gritos o los movimientos bruscos, que no tienen nada que ver con el ejercicio que se pide, hacen desconfiar al caballo, lo mismo que exagerados mimos y movimientos alrededor del caballo al terminar un ejercicio. El caballo sólo tiene la sensación de que hay peligro de verdad.

Es mucho mejor premio tras un ejercicio bien hecho, por muy difícil que haya sido, que el domador esté tranquilamente de pie, acaricie la nariz del caballo una vez, y lo deje pensar un rato. (Véase punto 2.)

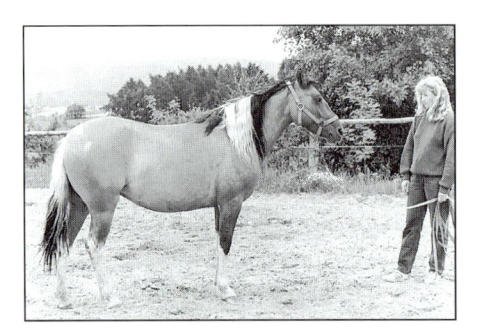

4. Voz tranquilizadora

Este medio auxiliar debe ser conocido por todo el mundo. El caballo es muy sensible al ruido. Hablarle en voz baja y entonaciones largas y profundas, como O, U y A, siempre son agradables para el caballo, es decir le premian.

5. Imitar comportamientos equinos agradables

Al pasar un brazo sobre el cuello del caballo, se imita el comportamiento de la yegua, que protege a su potro. Se le da una sensación de seguridad al caballo (véase también el punto 3), si se usa este gesto como premio.

Otras caricias típicas de la especie son: el echar la respiración sobre el cuello o los ollares del caballo, imitar los cuidados mutuos al rascar la crin cerca de la cruz, o el rascar detrás o entre las orejas.

Cuando vea que al caballo le pica en algún lugar durante el trabajo, se le puede rascar.

6. Buscar puntos sensibles para acariciar

Cada caballo posee puntos diferentes donde le gusta ser acariciado o rascado. Hay que encontrar estos puntos para poder premiar al caballo acariciando estas zonas. A muchos caballos no les gusta que se les toque en algún punto, o que se les sujete, por ejemplo al cepillarlos. Evidentemente, hay que evitar las zonas que no le gustan cuando se le acaricia con la intención de premiarlo.

Por ejemplo, a mi yegua no le gustaba que le echara mi aliento en los

Premios:
Arriba: Pausa para pensar.
Centro: Relajación tras ejercicios estresantes.
Abajo: Imitación del comportamiento protector típico de la especie: al pasar un brazo por encima del cuello del caballo imitamos a la yegua madre.

ollares y lo mostraba enseñando los dientes y poniendo las orejas hacia atrás –aunque a la mayoría de caballos les encanta–. Por ello con cada caballo individual se debe averiguar qué le gusta (véase también Relajación del caballo parado).

¿Qué significa castigo para el caballo?

1. Voz fuerte

Para un caballo sensible significa castigo el levantar la voz y el uso de una entonación breve y fuerte, como un «No» cortante –o un grito–. Pero hay que procurar no gritar al caballo continuamente. El caballo se acostumbra y se cierra ante el exceso de volumen continuado. Cualquier persona sensible se siente molesta si tiene que escuchar gritos a su alrededor todo el tiempo –y no sólo cuando está con su caballo, sino también con alumnos de la hípica o compañeros de paseo.

2. Posición de la persona/lenguaje corporal

El caballo también se puede influir por una postura determinada o incluso amenazadora del hombre. El ponerse erguido, gestos claros con los brazos y una inclinación dirigida del movimiento no castigan directamente al caballo. Pero le dan mucho respeto, lo cual muchas veces es suficiente para cortar un comportamiento indeseable. (Más detalles en el capítulo Lenguaje Corporal.)

3. Toques con la fusta o la tralla

La fusta y la tralla pueden servir como castigo. No obstante, rara vez deben usarse, ya que sirven principalmente como ayuda, alargando el

Castigando mediante un tirón fuerte de la cabezada.

brazo del hombre. Si el caballo tiene miedo de estas ayudas artificiales intentará escaparse de ellas, y la posibilidad de utilizarlas como ayuda dirigida, se pierde. El castigo con la fusta o la tralla significa un toque breve, firme, decidido, pero jamás una paliza de fustazos seguidos. Por lo demás, incluso el toque correcto dirigido con la fusta debe aprenderse (más al respecto en el capítulo correspondiente).

4. Tirón sobre la nariz

El castigo significa una sensación desagradable para el caballo. Tirarle de la cabeza es indudablemente desagradable. Como castigo sirven los tirones breves pero firmes del ronzal (que actúa sobre la nariz del caballo), cuando éste por ejemplo echa a correr hacia adelante. Al igual que cuando se da un toque con la fusta, hay que evitar tirar continuamente de la cabeza del caballo. De ninguna manera el tirón debe convertirse en un forcejeo ya que, si se llega a ello, la persona siempre tendrá las de perder. (Hay casos en que una forma de tirar, efectuando una presión creciente sobre la nuca del caballo, está justificada –véase el capítulo correspondiente– pero no como castigo.) El equipo (véase el capítulo en cuestión), sobre todo el tipo de cabezada de cuadra o cabezón, es de suma importancia para la eficacia de este tipo de castigo.

5. Imitar castigos típicos de la especie

Cuando se observa una manada de caballos y vemos cómo un caballo de rango superior se impone a uno de rango inferior, y muchas veces le intimida sin razón aparente, podemos copiar algunas cosas sin más. Una coz se puede imitar con un puntapié, un mordisco por un golpe con el codo. Para el neófito este tipo de castigos puede parecer muy rudo. Pero el caballo los entiende perfectamente, ya que son copiados del lenguaje equino. Como todo castigo, sólo deben aplicarse rara vez, por ejemplo, un golpe con el codo en el cuello del caballo, cuando al llevarlo de la mano pretende atropellar al hombre. Un puntapié contra el costado o el muslo, cuando el caballo intenta pisar o morder al hombre, o cuando al pedirle que se aparte hacia un lado reacciona empujando al hombre de modo provocativo.

Finalmente algo en general sobre el castigo que de vez en cuando es necesario:

Un castigo leve a tiempo evita que el domador pierda el control sobre el caballo. Le enseña sus límites al animal. Si no se corrige el caballo a tiempo, luego harán falta medidas mucho más fuertes para controlarlo. Un caballo incontrolable para el hombre es un peligro. Ahora bien, la mayoría de caballos es de buen carácter y perdona muchos fallos educativos de la persona. Un caballo de personalidad muy fuerte, primero por negligencia y más tarde obligatoriamente por un trato demasiado duro del domador, muchas veces se convierte en lo que se llama un «desertor». Primero ha aprendido que él es superior en la relación con el hombre, ya que no le han puesto límites desde el principio, y luego lucha por mantener ese rango.

No se puede domar a un caballo de modo no autoritario, está en su naturaleza.

Un castigo justo nunca debe ser emocional. Si el domador se enfada con el caballo y lo castiga por enfado, el castigo siempre resulta demasiado fuerte y por tanto injusto (*unfair*). Claro que muchas veces es difícil no enfadarse con el caballo. Pero justamente esto hace destacar al buen domador, al detectar una desobediencia, el saber reaccionar inmediata y correctamente, sin enfadarse. Cierta permisividad sonriente hacia el «alumno» caballo es la mejor mentalidad para poder reaccionar de manera justa y comprensible para éste. Una persona de por sí nerviosa, con reacciones completamente exageradas, hará mejor manteniéndose alejada de los caballos. Quien no sepa controlarse no puede ni pensar en manejar caballos debidamente, y mucho menos domarlos.

Resumiendo: Un castigo debe ser inmediato, justo y no emocional (fast, fair - rápido, justo).

Acciones por reflejo

Hay situaciones en que el domador no tiene tiempo de buscar un castigo adecuado. Más o menos llega a castigar por reflejo. Tal «castigo por reflejo» generalmente puede ser justo, si el reflejo se ha entrenado –cuando por ejemplo se ha pensado cómo reaccionar ante situaciones diversas—. Tales reflejos o también «imágenes del cómo debe ser» pueden desarrollarse por experiencias propias pero también al observar y analizar la actitud de otros domadores.

Un castigo por reflejo, impulsado por el enfado o la irritación, cuando el caballo por ejemplo acaba de pisar al domador, difícilmente puede ser comedido. Sería correcto imaginarse esta situación (puede ocurrir perfectamente) y hacerse una imagen de la «situación ideal» para la reacción correcta. Ésta podría ser la siguiente: El caballo me pisa el pie —con lo cual infringe el límite personal de un superior. Un caballo de rango superior le daría una coz o un mordisco. Yo como persona, en su lugar puedo darle un puntapié en el costado o usar mi codo. Si almaceno este pensamiento como «imagen ideal», podré ponerlo en práctica como acción-reflejo, incluso cuando hasta la fecha ningún caballo me ha pisado el pie.

Distracción en vez de castigo

Un domador profesional se encuentra muchas veces con caballos para corregir, con vicios que no sabe cómo se han originado. Para no poner en peligro su autoridad, ahora debe castigar estas defensas del caballo. Si esta defensa ocurre frecuentemente, deberá castigar al caballo a menudo. Un caballo que ha aprendido esta defensa precisamente de las personas que lo han tratado anteriormente, al principio no acepta el castigo de su nuevo domador. El caballo no puede comprender que le castiguen por algo que siempre le han dejado hacer.

Si el domador no quiere poner al caballo en su contra desde el principio, lógicamente intentará primero no provocar esa defensa, y, segundo, —si llega a surgir— tratará de distraer al caballo. (Más detalles al respecto en el capítulo Problemas.)

Si la defensa no es peligrosa y no infringe claramente la autoridad del domador, entonces también se puede considerar el ignorarla por un tiempo. Muchas veces desaparece por sí sola, cuando el caballo no encuentra resistencia.

Para compensar un castigo necesario, después de aplicarlo se puede dejar una breve pausa al caballo para «pensar» y después ofrecerle una golosina. Con el lema: «Esto no se hace —pero sigo siendo tu amigo.» Ésta no es una regla fija, pero puede ser útil para caballos que se ponen nerviosos en seguida, y que tras castigarlos, hay que volver a darles confianza para continuar el trabajo y que estén dispuestos a colaborar. La pausa para que «reflexione» debe durar lo suficiente, para que el caballo sepa distinguir el castigo y su causa de la recompensa.

El caballo como animal altamente especializado en el movimiento

Como animal de huida el caballo debe reaccionar con rapidez. Para el hombre, su reacción —su movimiento impulsivo— muchas veces resulta demasiado rápida. Esto significa que cuando el caballo inicia una acción (indeseada) la corrección del hombre muchas veces llega tarde. La corrección debe hacerse cuando el caballo muestra la más mínima intención de hacer algo indeseado. Y casi siempre lo hace a tiempo, de modo que sólo

Dejar que el caballo se desahogue... *A menudo hace falta reaccionar con rapidez.*

hay que saber distinguir las señales. Para el trabajo pie a tierra esto significa, aun más que en el trabajo montado (donde por el contacto directo se pueden llegar a sentir las intenciones del caballo): observación, observación, y más observación. No perder de vista al caballo en ningún momento –concentrarse plenamente en el animal– y no mantener una charla al mismo tiempo. Como ejemplo sirva la siguiente situación: trabajo a la cuerda con cabezada de cuadra (véase el capítulo sobre Trabajo a la Cuerda) con una potra de ideas fijas, que ya otras veces había mostrado intenciones de prescindir de mí, siguiendo recto y tirándome la cuerda de las manos. Hasta la fecha siempre he podido evitar que se saliera con la suya, si me daba cuenta de sus intenciones –lo anunciaba moviendo la cabeza– y la podía parar antes de llegar a perder el control. Pero un día alguien me habló desde fuera, contesté, y giré la cabeza por un momento; en ese mismo momento también se fue la yegua, con cuerda y todo, a la otra punta del picadero. Había aprovechado mi breve descuido para escaparse. Cuando ocurre una cosa así, el caballo aprende rápidamente, primero que es más rápido que el hombre, y segundo, mucho más fuerte.

Por consiguiente, todo el que trata con caballos, hará bien en mejorar su propia capacidad de reacción. El primer paso para ello es concentrarse en el caballo, para reconocer en seguida ante lo que hay que reaccionar, y lo que se puede dejar tranquilamente. El segundo paso es aprenderse los reflejos que se describen en el capítulo del Movimiento Consciente.

Otra concesión hacia un animal móvil como el caballo es la consideración de no provocar defensas, por ejemplo cuando se sabe que el caballo ha estado parado y sale fuerte. Entonces hay que brindarle la oportunidad de desahogarse a la cuerda, antes de exigirle el trabajo serio.

La dosificación correcta del trabajo

Un caballo se puede trabajar demasiado poco, demasiado, y mal. Demasiado poco significa un trabajo irregular con demasiados intervalos, que hacen que el caballo joven acabe por olvidar las lecciones. Sin embargo para un caballo mayor un descanso prolongado en el trabajo puede ser regenerador y útil para renovar las ganas de trabajar. Aunque demasiado poco,

Un caballo relajado dirige su atención hacia atrás.

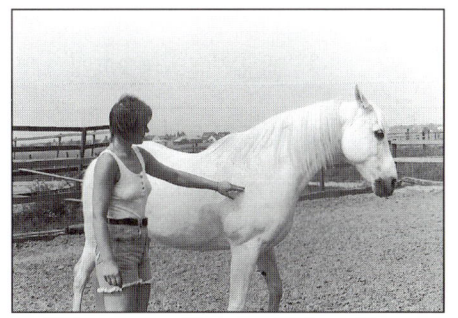

Actitud defensiva: «Déjame en paz».

por sesión de trabajo, apenas existe. Casi siempre suele decirse: cuanto más breve, mejor. Así el caballo no se aburre durante el trabajo, y tampoco se le exige demasiado física ni psíquicamente. Sin embargo el exceso, o el mal trabajo, lleva a los siguientes problemas:

1. El caballo se aburre

Cuando se repiten siempre los mismos ejercicios uno detrás de otro y el programa de entrenamiento no ofrece distracción, un caballo inteligente y curioso se aburre al poco tiempo. Para él es mal trabajo. El programa de entrenamiento siempre debe adaptarse a la inteligencia del caballo. Un caballo lento y flemático necesita más repeticiones mientras que un caballo curioso, que aprende con rapidez, se irrita con ello. A un caballo inteligente –cuando tenga su doma básica hecha– hay que ofrecerle cada par de días algo nuevo, aunque sea una variación de un ejercicio conocido. Asimismo el programa de entreno en pista con trabajo pie a tierra debe alternarse con un paseo por el campo. También en el campo se puede trabajar al caballo de la mano o con la cuerda.

El trabajo pie a tierra y el trabajo montado también se pueden alternar perfectamente. Para corregir caballos que son muy problemáticos montados, puede ser útil dejar de montarlos durante unas semanas o meses, y solamente trabajarlos desde abajo, para disminuir la resistencia hacia el jinete y eliminar eventuales tensiones corporales del caballo sin el peso del jinete.

2. Se le exige demasiado al caballo

También en el trabajo pie a tierra o a la cuerda se puede llegar a exigir demasiado del caballo.

Tanto con potros como con caballos en los que hay que corregir alguna tensión corporal, ante todo hay que establecer poco a poco la condición física y la confianza. Un caballo joven simplemente no puede estar galopando mucho tiempo en un círculo reducido. Además es perjudicial para sus tendones y articulaciones todavía débiles y no entrenados. Un caballo con problemas en un aire determinado tampoco se debe trabajar mucho tiempo a ese aire, para no hacerle perder las ganas de trabajar. Los ai-

Esta expresión muestra curiosidad, atención e interés.

Alerta, desconfianza, defensa.

res con los que no tiene problemas y por tanto le divierten, ya que se siente bien con ese movimiento, se deben usar siempre para variar el trabajo. Por eso siempre es recomendable alternar el trabajo sobre algún problema, para dar un alivio al caballo dejándole hacer un ejercicio que sabe hacer. Es igual que con el trabajo montado. Obviamente no se debe interrumpir una explicación a medias. En tal caso el caballo habría ganado —es un problema de jerarquía.

Una distribución planificada de ejercicios para sobreponerse al miedo, se aplica sobre todo en los ejercicios de campo. Ésta puede variar de caballo a caballo –y siempre después del entrenamiento de la dominancia, la base de todo (véase el capítulo correspondiente)– ya que cada caballo tiene miedo de cosas diferentes. A uno le asusta un ruido determinado, otro teme los pasos estrechos, un tercero se espanta cuando pisa una barra. Haciendo pruebas con ejercicios fáciles e incluso en el campo, se puede comprobar qué tipo de cosas producen miedo al caballo y así evitarlos por el momento, hasta que el caballo tenga más confianza en el domador. No obstante, antes o después hay que integrarlos en el trabajo y no ignorarlos del todo.

3. Comprobar el humor del caballo

Para evitar problemas innecesarios, también se debe tener en cuenta el humor del caballo en cada momento cara al trabajo. También los caballos a menudo pueden estar malhumorados, pueden ser sensibles al clima, estar en celo o puede dolerles algo, que afecta al humor. Claro que no siempre se puede saber si el caballo tiene ganas de trabajar. Pero cuando se ve claramente que el caballo tiene mal día es mejor trabajar poco rato y sólo pedir unos ejercicios que ya sabe hacer.

Para intentar ejercicios nuevos, donde podremos encontrar resistencia, estos días no son muy apropiados.

Al comprobar el humor del caballo, la persona que ha de trabajarlo también debe tener en cuenta su propio estado de ánimo y preguntarse hasta qué punto se está en condiciones para poder con una imprevista explosión de fuerza del caballo (por ejemplo con un aire o ejercicio determinado). Circunstancialmente el domador dejará una lección difícil para mañana, y evitará así llevar las de perder. Sobre todo los no profesionales que tratan con caballos deberían pensárselo, antes de provocar a su caballo con ejercicios que no le gustan en un día que esté de mal humor –quizás, además, en un día frío y con viento (véase también otros Requisitos).

Comprobar el humor del caballo puede hacerse antes, durante y después del trabajo. Antes del trabajo será determinante para el transcurso de la sesión del día. (Ya sean ejercicios conocidos o nuevos, fáciles o difíciles.) Durante el trabajo se puede comprobar si el humor del caballo mejora o empeora, si se vuelve más tranquilo o más nervioso. Entonces debe pararse justo al término de un ejercicio bien ejecutado. Después del trabajo se puede comprobar lo que el trabajo ha significado psíquicamente para el caballo. Si trabaja relajado y tranquilo, y se para con la cabeza baja y expresión satisfecha, se le puede dejar un poco «consigo mismo». Si a pesar del trabajo realizado, sigue botándose y nervioso, se le hará ir un poco más al paso. O se intenta hacerle relajar con unos ejercicios en la parada (véase Relajación del caballo parado). Pero siempre se debe terminar el trabajo con un caballo satisfecho y relajado, de modo que el animal pueda asociar siempre el trabajo con relajación (estar satisfecho), y no con nervios y tensión.

Un caballo satisfecho está parado con calma en el sitio y el cuello estirado. Los ollares abiertos, la barbilla relajada. La expresión alerta, o bien relajada con los ojos medio cerrados. La cola cuelga tranquila.

El caballo nervioso o malhumorado tiene los ojos muy abiertos, pone las orejas atrás, se mueve para un lado y otro, mueve la cola de manera agitada. Los ollares están medio cerrados, la barbilla apretada; el caballo está claramente a la defensiva hacia el mundo exterior. Si se le toca en un lugar que no le gusta, pondrá mala cara, o incluso enseñará los dientes. (El hecho de enseñar los dientes también puede ser señal de dolor.)

Siempre debe intentarse hallar la causa del mal humor del caballo. Si el caballo ya antes del trabajo se muestra malhumorado (sobre todo las yeguas sufren cambios de humor sin razón aparente), esto no siempre es posible. Pero si durante el trabajo se vuelve peor, y se pone cada vez más nervioso o hacia el final de la sesión se defiende cada vez más, entonces hay que buscar la causa ante todo en nuestro propio comportamiento. En el 80 % de los casos la causa se encuentra aquí. Se ha irritado al caballo con demasiado o mal trabajo.

Si el caballo se tranquiliza con el trabajo, se suelta más, va más relajado y trabaja más contento, entonces hemos trabajado bien.

4. ¿Dispongo de tiempo suficiente?

El domador siempre debe hacerse esta pregunta, antes de ponerse a trabajar con el caballo. A menudo surge la necesidad durante el trabajo de recalcar un punto determinado –de repetir un ejercicio en particular–, incluso cuando sólo se pretendía repasar rápidamente unos ejercicios conoci-

34 *Teórica*

El caballo tiene una expresión satisfecha, atenta.

dos. Cuando se va justo de tiempo, es fácil volverse impaciente y con ello se estropea el trabajo para uno mismo (y para el caballo), quizás acaba en medio de una explicación y se deja el caballo a su antojo. Un fallo que se deberá pagar con horas extras en los días siguientes o incluso semanas.

Es mejor emplear un tiempo limitado a jugar con el caballo. En el juego no hay que exigir nada, en general no hace falta aclarar problemas de obediencia o de rango, y se puede dejar al caballo satisfecho cuando no muestra ganas de jugar.

Práctica

LAS AYUDAS PARA EL TRABAJO PIE A TIERRA

Con el trabajo pie a tierra tenemos dos posibilidades para influir sobre el caballo.

1. Mediante los gestos y la posición del domador, es decir con *lenguaje corporal*. Y con la voz, que ocupa un lugar especial dentro de ese lenguaje corporal.
2. Mediante ayudas artificiales externas, que impiden o dificultan un comportamiento indeseado del caballo o dirigen una actitud deseada, según exijan las circunstancias —es decir *el equipo*.

El lenguaje corporal es la ayuda más importante del domador. El equipo adecuado sólo sirve de ayuda cuando surgen problemas o para objetivos determinados, pero no debe convertirse en medio imprescindible para compensar la falta de conocimiento del domador en el trabajo de pie a tierra y servirle como medio de fuerza cada vez más duro. Si el montar de manera prolongada con riendas artificiales sólo es un apoyo para un mal jinete, también el forzar continuamente al caballo en el trabajo de pie a tierra es una ayuda de persona que no domina su propio lenguaje corporal.

EL LENGUAJE CORPORAL DEL DOMADOR

Con su posición, sus gestos y su mímica, el hombre expresa su actitud, pensamiento y postura interior.

No sólo con los movimientos conscientes se expresa el hombre. Más bien se trata de una completa serie de actitudes y gestos inconscientes, y que quizá ni siquiera desearía reconocer, si fuera consciente de ellos. Las personas que han aprendido a observar, precisamente procuran hacer estos gestos inconscientes claros y transparentes. En el manejo del caballo estos gestos inconscientes muchas veces llevan a confusiones. El caballo es mucho más sensible a la actitud interior —verdadera— del hombre, que la mayoría de personas, que muchas veces se dejan engañar por una máscara —un comportamiento falso—. Si el hombre en su relación con otras personas a menudo puede camuflar su miedo interior con un comportamiento duro, esto no le funciona en el trato con caballos. El caballo reacciona ante señales escondidas, que le delatan el miedo del hombre –y ahí se juega su autoridad.

Aquí tenemos ante todo el problema de hacer que la persona sea consciente de su propia actitud en todas sus facetas. Sólo entonces podrá saber cómo influye sobre su caballo, y podrá utilizar su cuerpo de manera consciente y objetiva para dirigirlo. Y sólo entonces será comprendido correctamente por éste; con ello llegamos a un contexto que, a primera vista, no tiene mucho que ver con la monta y el manejo del caballo. Pero el éxito que implica la preparación del hombre de a caballo en otros contextos, se impone rápidamente. El ocuparse de las posibilidades de expresión del propio cuerpo y concienzarse de los propios miedos, aparte de la influencia positiva en el contexto del trabajo con el caballo, evidentemente tiene otras muchas aplicaciones. Enumerarlas todas no entra en el contexto de este libro.

Dicho sea de paso, para toda persona que trata con un ser vivo como el caballo, es recomendable interesarse por otros conceptos. En otros campos existen muchas iniciativas e ideologías nuevas aplicables al trabajo con caballos:

Consciencia de movimiento mediante otros deportes, el ojo entrenado artísticamente, la sensibilidad entrenada con música para el ritmo, el tratamiento de miedos y estructuras del comportamiento en la psicología –todo ello puede ayudar al hombre de a caballo.

El movimiento consciente. Desarrollo del lenguaje corporal

Se puede aprender el movimiento consciente mediante la observación y la práctica.

Observación aquí significa:

Primero observar a otros (durante el trabajo con caballos); y segundo observarse a sí mismo.

Un buen medio para observarse a sí mismo –sobre todo en los inicios– es el uso del vídeo, haciéndose grabar por un amigo aficionado al caballo. Cuando uno se ve a sí mismo en vídeo, en seguida verá ciertos fallos. Mejor aun sería que un amigo experto nos haga comentarios sobre la película –y aceptemos su crítica constructiva–. Comentar un vídeo es mucho más fácil que poner en práctica la crítica o corrección directamente durante el trabajo, ya que se puede tomar distancia de las cosas, sin estar luchando consigo mismo y/o con el caballo.

Hacerse estas correcciones mutuas es un buen método de aprendizaje. El «otro» siempre ve más que uno mismo.

Al observarse a uno mismo, y ocuparse continuamente de mejorar los fallos, se aprende rápidamente a tener paciencia y a controlarse.

Entrenamiento autógeno y método Feldenkrais

Además de la observación, es aconsejable ocuparse de nuestro propio estado interior. Mucha gente está nerviosa o tensa, sin darse cuenta de ello. Se trata de reconocer las tensiones ocultas, y al concienciarse de ellas, hacerlas controlables. El entrenamiento autógeno, sobre todo los ejercicios de peso, calor y res-

Práctica 37

Posición de conductor, para la relajación.

Entrelazar los dedos: dos maneras diferentes.

piración, que relajan la musculatura, facilitan el riego sanguíneo del cuerpo y regulan la respiración, puede lograr la relajación en cuestión de minutos, con mucha práctica incluso en segundos. El control de la respiración es un instrumento muy importante, a la hora de evitar miedo y rigidez en situaciones determinadas, o al menos hacer que no se note y se pueda controlar, como se describe más adelante. Aprender estas técnicas no es difícil (lo mejor es hacer un cursillo con un médico o terapeuta), sólo se requiere un poco de resistencia y autodisciplina para mantener los ensayos dos veces diarias de 10 a 15 minutos. (Ver literatura recomendada al final de la obra.)

El entrenamiento autógeno es el método para desarrollar sensibilidad ante el propio estado interior. También puede aprenderse a tener sensibilidad ante los movimientos propios. El método Feldenkrais, que muchos jinetes quizás ya aplican a su caballo (de manera algo adaptada), también lo pueden descubrir para sí mismos (no sólo para el trabajo pie a tierra, sino también montado). Se trata de un método para descubrir, con pocos movimientos muy lentos, cuánta fuerza y tensión –y con ello tensión negativa– se puede ahorrar, al hacer un movimiento correcto. Correcto significa la mayor eficacia con el menor esfuerzo y la sensación más agradable.

La idea es emplear todo el cuerpo con el objetivo de una acción determinada, en un movimiento fluido y suave. Además se trata de comprobar si los movimientos de costumbre se hacen correctos, y de variar alguno de ellos simplemente para ver qué ocurre entonces. De esta manera se puede averiguar porque un movimiento se hace de manera incorrecta, y cuáles son las causas de un movimiento irracional, que sin embargo requiere esfuerzo. Mediante ejemplos me gustaría aclarar un poco estas tendencias básicas.

Un ejemplo muy sencillo, para comprobar nuestros movimientos de costumbre: Cuando alguien nos dice de «entrelazar los dedos de las manos», sin pensárnoslo, siempre escogemos una forma determinada de hacerlo, por ejemplo el pulgar izquierdo sobre el pulgar derecho, el dedo índice izquierdo sobre el derecho, el dedo medio izquierdo sobre el derecho, etc. Si ahora nos dicen «Haga lo mismo, pero al revés», nos quedaremos perplejos, «¿Cómo, al revés?»

También existe la posibilidad de poner el pulgar derecho sobre el izquierdo, el índice derecho sobre el izquierdo. Pero hemos descartado esta posibilidad mentalmente, ya que nos hemos acostumbrado a hacerlo de la otra manera. Si ahora lo probamos de la otra manera, tendremos la sensación de que algo no cuadra (aunque ambas formas de cruzar los dedos son posibles). Simplemente no estamos acostumbrados, pero sigue siendo correcto. Si somos conscientes de que también es correcto, podemos llegar a acostumbrarnos –o al menos emplear los dos sistemas de hacerlo.

Movimientos correctos e incorrectos

Para aclarar un movimiento incorrecto y profundizar en su causa, tomemos como segundo ejemplo –esta vez directamente relacionado con la monta– el conocido vicio de «subir las rodillas», que una vez que un jinete se haya acostumbrado a ello, es muy difícil de corregir. Todo el mundo sabe que es incorrecto subir las rodillas. Lo correcto sería –con mucho menos esfuerzo– mantener el peso equilibrado sobre el caballo, con todo el cuerpo, acompañando el movimiento desde la cadera. En su lugar, el jinete intenta mantenerse únicamente mediante la sujeción de las rodillas. Esto conlleva una rigidez de todo el cuerpo y, sobre todo, de la cadera, que precisamente debe estar suelta. Esta rigidez, a su vez, implica que el jinete aun se tiene que agarrar más, por lo que se puede sentar menos, y el caballo al sentirse molesto se defiende.

No tiene sentido gritarle a este pobre jinete todo el rato, por ejemplo al trote, que debe bajar las rodillas. Y es que no puede hacerlo en este momento, ya que necesita toda su fuerza para sujetarse con las rodillas. Para el esfuerzo activo de empujar las rodillas hacia abajo, necesita fuerza extra que ya no le queda y que –si la tuviera– aún pondría todo su cuerpo más tenso.

Sería mejor decirle que deje colgar las piernas relajadamente, y que acompañe suavemente el movimiento del caballo desde la cadera. De esta manera se olvida del esfuerzo de bajar las rodillas, y su verdadera causa –la rigidez del cuerpo desde la cadera–. El subir las rodillas es por lo tanto sólo un síntoma. Su causa se halla en la rigidez de las caderas –un torso tenso o el miedo a caerse–. Y ahí es donde debe empezar la corrección, hacia un menor esfuerzo, no superior (y hacia la pérdida del miedo). La frase de «haz un esfuerzo» montando, en realidad es incorrecta si nos referimos a esforzar el cuerpo. La tensión impide la soltura, la armonía, y una sensación agradable. Las sutilezas de un movimiento se pierden si el cuerpo se mantiene tenso. «Esforzarse» se refiere más a un esfuerzo correcto en el sentido de reflexionar cómo se puede hacer más fácil la monta.

También el trabajo pie a tierra en sí, parte de la reflexión de cómo conseguir que la monta sea lo más agradable posible y con menor esfuerzo, tanto para el caballo como para el jinete.

Otro ejemplo para explicar un movimiento armonioso y fluido: Cuando uno quiere levantarse de una silla, puede hacerlo con mucho o poco esfuerzo –el movimiento puede hacerse abrupto y brusco, o suave y fluido–. ¿Cómo se originan estas diferencias? Quien emplea mucha fuerza, no coordina bien todas las partes de su cuerpo para el movimiento intencionado de levantarse de la silla.

Por ejemplo, deja la parte superior del cuerpo erguida y recta, por lo que debe tensar mucho la musculatura de sus piernas y dorso para levantarse. Se origina un movimiento rígido, tenso. Pero se puede facilitar el trabajo doblando la parte superior del cuerpo hacia adelante y aprovechando el impulso de levantarse. El movimiento se ve mucho más elegante, y el esfuerzo se reduce a la mitad.

El sentir del movimiento mínimo pero eficaz es muy importante en el trabajo pie a tierra para no estropear la atención del caballo con gestos innecesarios. Pensemos en ello: cada movimiento nuestro es una señal para el caballo. Aparte de esto, siempre se verá más elegante que el caballo reaccione inmediatamente a un solo paso o movimiento de nuestro brazo, que si gesticulamos alocadamente.

Romper costumbres

El mecanismo de la costumbre muchas veces impide aprender algo nuevo o hacerlo de otra manera, ya que por la comodidad de la costumbre, muchas cosas nos parecen desagradables o irrelevantes si rompen nuestro hábito. En cuanto al sentir del cuerpo se refiere, tan importante para el trabajo pie a tierra (y por supuesto el montado), aquí también nos aferramos fácilmente a costumbres: Una tensión, una rigidez del cuerpo, un movimiento irracional con esfuerzo innecesario, ya no se reconoce como tal, ya que nos hemos acostumbrado a hacer mucho esfuerzo para ello. Se trata de reconocer y cambiar estas costumbres. El caballo nota las tensiones corporales del domador, e in-

Dos maneras de levantarse de la silla: con esfuerzo (arriba) o sin esfuerzo (abajo).

tuitivamente sabe sus causas, como el miedo, enfado u otros estados mentales negativos. Asimismo reconoce la soltura y alegría en el trabajo por parte del domador, y ofrece un *feedback* positivo.

El método Feldenkrais ayuda a sensibilizar el propio cuerpo. Una vez desarrollada la propia sensibilidad, resulta más fácil reaccionar ante los cambios externos del caballo. Al fortalecer la propia sensibilidad, se pueden reconocer las sutilezas y oscilaciones en el movimiento del caballo. Y esto ya es una base para el «Aprender a ver» que se describe más adelante y el desarrollo de la imagen ideal.

Además se mejora la sensibilidad para unas reacciones justas y no exageradas en el contexto de premios y castigos.

Señales corporales aisladas

A continuación quisiera describir las señales aisladas que el caballo entiende por su estructura de comportamiento natural típico de la especie (véase el capítulo sobre Comportamiento de Manada).

Se requiere unos movimientos claros, exactos y un comportamiento fijo de base para poder transmitir esta claridad. Esta autoridad natural que refleja el hombre con este comportamiento básico, como se describe en la primera parte de este capítulo, se puede aprender. La firmeza y la seguridad en uno mismo son primordiales en el trato con caballos (y con las personas...), pues ¿cómo nos arreglamos con otro ser vivo si no nos arreglamos con nosotros mismos?

Cualquier inseguridad, por ejemplo si el caballo hará caso o no a nuestra señal, o falta de concentración, modifica las señales de nuestro cuerpo y por consiguiente dan inseguridad al caballo –y puede llegar a desobedecer ya que se cree que no le vemos.

El lenguaje corporal alcanza su máxima eficacia cuando el caballo nos entiende y obedece a distancia, sin tocarlo. No obstante con caballos de fuerte personalidad o viciados puede hacer falta molestarlos una primera vez con firmeza, para conseguir una reacción. Para ello se puede emplear un dedo, o la mano plana, o incluso una vez el brazo o el codo (véase abajo). Pero de ninguna manera debe emplearse el propio cuerpo (sin mucha ayuda en forma de equipo), ya que el caballo debe aprender a reaccionar ante el hombre –no por la fuerza del equipo.

La posición y la dirección del movimiento

Para el trabajo pie a tierra sirve –al igual que en el trabajo montado –una posición erguida.

Cualquier doblamiento de la parte superior del cuerpo, el dejar colgar o ladear la cabeza y los hombros transmite una señal de persona indecisa. Al bajar la cabeza, el campo visual queda limitado, lo cual dificulta la observación del caballo en su conjunto. Al dejar los hombros caídos hacia adelante, primero se limita el libre movimiento de los brazos, segundo la libre respiración y tercero con esta limitación cualquier movimiento pierde claridad, ya que no todo el cuerpo puede participar al quedar bloqueadas partes del mismo cuerpo por este doblamiento o caída. Al decir que todo el cuerpo debe participar en un movimiento, no quiere decir que hace falta un movimiento exagerado, sino que ese movimiento sea fluido y suave (elegante), que el levantar un brazo no sea impedido por un hombro rígido, que un paso amplio hacia delante no quede limitado por un dorso o una cadera rígida. No sólo el jinete a caballo debe verse elegante –también el que trabaja pie a tierra con el caballo–. Un movimiento elegante siempre es el más eficaz, y ahorra más energía (como se describe al comienzo del capítulo).

La dirección del movimiento de la persona y su velocidad tiene una clara influencia sobre el caballo. Si el do-

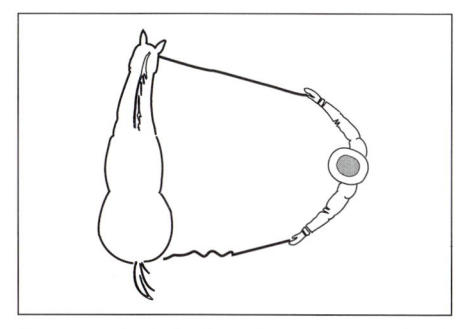

Encerrar el caballo: la tralla apunta tras el posterior del caballo, no hacia la grupa.

Señales con los brazos: empujar al caballo a avanzar levantando el brazo.

mador se acerca con firmeza hacia el caballo, éste pensará que quiere quitarle el sitio, y cederá. Si la persona se acerca velozmente desde delante, el caballo retrocede; si viene por la derecha, el caballo cede hacia la izquierda, si se dirige hacia el posterior del caballo, éste sólo cederá con el posterior. (Véase Comportamiento de Manada y el capítulo de Trabajo Base.) Si la persona se acerca lentamente, es decir viene en plan amistoso, el caballo esperará.

Cuando la persona da un paso atrás, prácticamente obliga al caballo a seguirle. Jamás debe darse un paso atrás obligado por la actitud del caballo. Si el hombre retrocede cuando el caballo se le acerca o va en su dirección, cede ante él –con lo cual el caballo ha ganado posiciones– y la superioridad del hombre peligra.

Los gestos

Deben componerse de movimientos tranquilos, controlados. Todo movimiento superfluo, es un movimiento innecesario, y si deriva de un movimiento incontrolado es una señal errónea para el caballo. El control sobre los movimientos tampoco debe implicar que hay que pensarse cada gesto antes de hacerlo, pues entonces llegaría demasiado tarde. Para las situaciones claras e imaginables, los gestos adecuados rapidamente están disponibles (véase el párrafo Ojos/Aprender a Ver/Imagen Ideal).

Los brazos

Con los brazos el hombre indica la dirección en que se debe mover el caballo. Puede «enmarcarlo», delimitarlo por delante y por detrás, entre la cuerda y la tralla. El ejercicio de hacer mover el caballo en un círculo a nuestro alrededor –sin tralla, sólo con el uso de movimientos de los brazos y la parte superior del cuerpo– sin movernos del sitio, como se describe en el capítulo Trabajo de Base, es un buen control de la dirección de los movimientos de los brazos.

Al elevar y mover un brazo o ambos, el domador llama la atención del caballo. La fusta, la tralla, o el extremo del ronzal (véase Equipo y Trabajo de Base) sirve como prolongación del brazo, cuando el caballo todavía no responde lo suficiente a las señales corporales en sí. Al levantar el brazo cuando se lleva el caballo de la mano, se le muestra la frontera, el límite que no puede sobrepasar. Lo mismo se expresa levantando un codo lateralmente.

Si al llevar el caballo de la mano se desea hacerlo parar y retroceder –siempre estaremos de espaldas al caballo– se le puede mover el codo doblado delante de la nariz, al mismo tiempo que la persona anda hacia atrás. Si el caballo no reacciona, el domador puede gesticular más exagerado con los brazos, o dar palmadas en el cuello del caballo para llamarle la atención y prepararle para conseguir una respuesta. Más adelante se vuelve a reducir este gesticular exagerado.

Las manos

Con las manos, por un lado se pueden transmitir sensaciones agradables al caballo –como caricias y masajes–. Pero el domador también puede usarlas para irritar al caballo. Cuando un caballo no quiere retroceder, le podrá pinchar brevemente con varios dedos sobre el pecho. Esto no hace daño, pero a la larga se hace desagradable –incluso molesto– y por consiguiente provoca una reacción.

Para minimizar los gestos, se deben buscar los puntos del caballo donde reacciona sensiblemente ante la presión.

El domador puede golpear las espaldas del caballo con las palmas de las dos manos. Muchos caballos retroceden ante esta señal. También puede ayudar el mover las manos junto a la cabeza del caballo, o el golpear suavemente los carrillos con las manos. No es cierto que con esto se consiga que el caballo coja miedo de dejarse tocar la cabeza. El caballo puede –y debe– retroceder al final. Se dará cuenta en seguida que los movimientos desagradables de las manos acaban cuando él reacciona. El caballo se vuelve asustadizo cuando en el manejo normal, es decir al ponerle la cabezada de cuadra, etc., la persona le toca la cara y se mueve de manera no coordinada o exagerada –es entonces cuando el caballo debe permanecer quieto y no reaccionar levantando la cabeza hacia arriba o retrocediendo.

Al pinchar al caballo con las puntas de los dedos en la barriga o el muslo, le empuja hacia un lado –al dar palmadas con la mano o pincharle con el dedo en el cuello, se le invita a girar la cabeza y finalmente cederá con las espaldas–. Cuanto menos reaccione, tanto más alto –en dirección a la cabeza– se debe emplear la mano.

Siempre hay que intentar conseguir una mínima reacción del caballo al guiarlo con nuestro lenguaje corporal *sin* medios auxiliares, incluso aunque esta forma de manejo del caballo al principio no se vea muy bonita. El caballo pronto aprenderá a reaccionar ante señales más sutiles.

Con todos estos movimientos y toques, hay que procurar no enfadarse cuando el caballo no reacciona en seguida, y no tratarlo con brusquedad. El trato debe ser más bien una táctica de convencimiento, que de alguna manera irrita al caballo, sin que el domador se haya enfadado en ningún momento. Si el domador mantiene la calma, le transmite su seguridad al caballo, en el sentido de «Antes o después cederás».

Las piernas y los pies

Las piernas y los pies, además de la posición del hombre, son responsables de la claridad de la dirección del movimiento. Para poder dirigir correctamente al caballo, la dirección en que nos movemos hacia el caballo, debe ser muy clara. Sobre todo, cuando ya se trata de un obstáculo complicado de campo.

Por lo tanto se busca un punto en el caballo, que queremos obligarle a ceder, y nos dirigimos directamente a ese punto con las puntas de los dedos. Si queremos que el caballo ceda con el posterior, la punta de los pies del domador se dirigen hacia el casco posterior interior, mientras se acerca hacia el posterior del caballo. También el ángulo en que nos dirigimos hacia la parte del caballo que debe ceder, es importante, pues es posible que con ello bloqueemos al caballo en cierta dirección. Si nuestro movimiento es correcto se verá en la reacción del caballo. El caballo no cede en la dirección deseada si el movimiento del domador no es correcto (véase también Trabajo de Base).

Cuello y cabeza

La barbilla levantada transmite soltura, una barbilla retraída muestra miedo o falta de soltura. El retraer el cuello por miedo influye sobre la movilidad de todo el cuerpo y sobre la rapidez de las reacciones. Los movimientos se quedan prácticamente «enganchados» en el cuello, se bloquean. Tampoco es así que la postura interior determina la exterior. Lo mismo puede decirse al revés, hasta cierto punto. Cuando la persona se da cuenta de que encoge el cuello, puede variar esta postura externa, levantando la cabeza y la barbilla, y así lograr mayor firmeza interior.

Una expresión amarga de la cara lleva a un comportamiento amargado, sin darse cuenta de que el trato con el caballo se puede hacer de manera

Cesión precipitada del posterior en el entrenamiento de la dominancia todavía sin refinamiento.

mucho más relajada. Al igual que los jueces ante una prueba de doma clásica prefieren ver a un jinete sonriente, esto también tiene sus ventajas en el trabajo pie a tierra. Un rostro relajado conlleva un comportamiento relajado. El domador tranquilamente puede silbar una canción, para relajarse, mientras sigue observando al caballo.

Los ojos y la observación

En este contexto debemos profundizar sobre todo en los ojos y la observación. En general puede decirse que el hecho de reconocer un problema, implica su solución. En el trabajo pie a tierra los problemas se reconocen mayormente con la vista, con la posibilidad de catalogarlos dentro de lo que ya se conoce.

Nos dedicamos primero a los ojos. Unos ojos medio cerrados, suelen conllevar una expresión tensa. Unos ojos bien abiertos relajan la cara. Los ojos bien abiertos además amplian el campo de visión. Para captar el conjunto, se deben abrir bien los ojos. Si se desea analizar un problema determinado, se pueden cerrar un poco los ojos, para concentrarse en un punto determinado del campo visual.

Una visión correcta aun se puede perfeccionar mucho más, como se describe a continuación. También es importante saber catalogar lo que se ha visto. Aquí nuevamente hace falta mucha experiencia con caballos y saber almacenar y catalogar lo visto en forma de «cómo debe ser».

Esto se aclara en el capítulo siguiente.

Aprender a ver

Mediante una visión total, desarrollar imágenes ideales y del cómo debe ser del movimiento correcto del caballo.

La persona observadora podrá reconocer ciertas características en el movimiento de cada caballo, que lo distinguen de otros. Estas características vienen determinadas en mayor medida por la morfología, la raza y el temperamento del caballo en cuestión. Además de esto, el ojo experimentado podrá percibir irregularidades en el movimiento. Una mínima irregularidad que se percibe, es sin duda alguna una cojera del caballo, que distorsiona claramente la secuencia del movimiento. Aparte de esto hay muchos grados, desde una rigidez apenas visible de alguna parte del cuerpo hasta una irregularidad de la secuencia en cierto aire o velocidad.

Estas distorsiones de la secuencia del movimiento pueden ser causadas por una morfología desfavorable –incluso sin influencia del jinete– pero también por una mala doma del caballo. Un buen jinete nota estas irregularidades del caballo en seguida, e intentará corregirlas con ejercicios adecuados. El jinete que todavía no tenga un asiento equilibrado, tendrá dificultad para aprender el asiento correcto por culpa de esta rigidez del caballo. Para ambos es una gran ayuda, si una rigidez visible ya se detecta de la mano o a la cuerda. Para el jinete veterano esto facilita la corrección del caballo, ya que podrá hacerlo mucho mejor desde abajo. Corrige desde abajo, y luego podrá montar un caballo más suelto, sin problemas de movimiento, que obviamente con el peso del jinete se incrementan. El jinete novel podrá desarrollar con más facilidad el sentir del movimiento coordinado cuando aprenda a ver en qué parte del cuerpo el caballo muestra una irregularidad. Cuando haya aprendido a verlo, podrá memorizar la imagen del movimiento ideal, sin irregularidades. Más adelante podrá intentar transmitirla a su sensibilidad corporal, cuando aprenda a sentarse de manera equilibrada sobre el caballo. El aprender a ver facilita el aprender a sentir.

Ver más poniendo interés especial

El «ver» en sí ya es un problema –mucha gente tiene que aprenderlo con esfuerzo–. El «aprender a ver» al

Aprender a ver: el caballo galopa tranquilo, con soltura y sin tensiones.

que me refiero, obviamente no se refiere al mirar de manera más sencilla, no específica, sino a un modo de ver muy diferente. El siguiente ejemplo puede aclarar la diferencia. El observador superficial ve un tronco, con ramas y hojas. En su pensamiento almacena este conjunto en la categoría existente de «árbol". Ya le está bien. No le interesa nada más. Otro observador diferente, amante de la naturaleza, quizá vea que el árbol tiene una copa ancha, hojas alargadas con bordes dentados, irregulares, y un tronco marcado –un roble–. Por consiguiente, amplía su categoría del pensamiento «árbol» con otros conceptos. Un artista vería otras cosas muy distintas. Distingue el verde de las hojas según un verde claro de primavera, o un verde oscuro de verano. Vería la iluminación específica del árbol bajo la lluvia, con viento, o sol, admiraría la estructura del tronco, etc. El guarda forestal en cambio, vería si las hojas están dañadas por insectos, los años que tiene el árbol, si el tronco está sano, etc. Ambos «ven» todavía más diferenciados. El primero quizá quiera reflejar el árbol en un cuadro y le interesa la composición en su conjunto, que quiere captar en el lienzo, pintando el árbol en su contorno. El guarda forestal se interesa por el árbol como ser vivo y útil. Los cuatro observadores ven fundamentalmente lo mismo. La diferencia, ese ver más de los últimos en comparación con los primeros, reside en su interés especial y por consiguiente las distintas estructuras de pensamiento (categorías). Esto se puede aprender.

Imagen ideal del cómo debe ser

De la misma manera funciona el entrenamiento de la visión del jinete/domador. Ante todo hace falta el interés y las ganas de aprender.

Aprender a ver: el mismo caballo, con tensión a la altura del cuello y las espaldas.

Quien practique la monta o el manejo del caballo muy superficialmente, y sólo pretende quedarse encima y tratar el caballo lo mínimo y de cualquier manera, no aprenderá a «ver», ya que le falta el interés. Pero quien busque literalmente la unión entre jinete y caballo, la armonía, deberá empezar por aprender a detectar ésta, o su falta en el movimiento del caballo suelto y, más tarde, también montado. De ello se desarrolla al final una imagen ideal de cómo debe ser el movimiento correcto de un caballo, y más tarde de cómo debe ser el movimiento armonioso del binomio caballo-jinete. El jinete/domador debe grabar esta imagen en su mente como imagen ideal, para poder comparar en cada momento con la situación real.

Esta imagen ideal facilita la comparación, ya que se observa como conjunto. Si el jinete quisiera analizar factores aislados del movimiento y grabárselos como detalles sueltos bajo el código de «bien» o «mal", no serían tan fáciles de recordar como la imagen conjunta.

El grabarse una imagen no significa que no se deba analizar un problema visible en el movimiento del caballo suelto o montado. Las causas de tales irregularidades en el movimiento son muy importantes. Sólo significa que, tras el análisis, se vuelve a componer la imagen ideal de la situación «cómo debe ser». Naturalmente esta base de datos de la imagen ideal en la mente del jinete siempre debe irse actualizando. Siempre se va aprendiendo más. De hecho, la reacción rápida del jinete/domador experto no es más que una muestra del movimiento en forma imaginaria para cada situación, que puede llamar «en pantalla» rápidamente. En la mente tiene una imagen preparada de su propia reacción. Si la reacción tuviera que pasar por el pensamiento analítico y lógico, a menudo llegaría demasiado tarde.

Reacciones rápidas al actuar por reflejo

Una reacción rápida y eficaz, sale sin pensar. A menudo lo denominamos una acción por reflejo. Tanto el caballo como la persona pueden aprender tales reflejos. En el domador que siempre reacciona a tiempo, para corregir una desobediencia del caballo en el primer intento, hablamos de experiencia, o que tiene «buena mano» para los caballos. Pero los mecanismos que hay detrás de esta gran capacidad de reflejo no son más que esas imágenes a las que el hombre de a caballo tiene acceso sin pensárselo y que traduce en reflejos. La mayoría ha adquirido esta experiencia a lo largo de los años, sin saber bien cómo. Otros han intentado analizar los movimientos de caballos y jinetes, tratando de deducir unos fundamentos teóricos razonables, de los cuales surge algo así como una imagen ideal. Semejante imagen ideal, únicamente por deducción teórico-analítica, es peligrosa, ya que puede resultar en múltiples indicaciones rígidas, que quizá no sean del todo erróneas, pero que desde luego, no son aplicables ni deben serlo a todo caballo. Estas indicaciones de forma carecen del sentido intuitivo de la armonía en el movimiento del caballo. No todo el mundo puede tener esta intuición por igual, pero en general se puede aprender.

Unos pocos jinetes parecen tener esa buena mano para los caballos desde el principio. Supongo que simplemente tienen el don de la buena observación y un pensamiento más dirigido a la imagen, de modo que una muestra del movimiento una vez reconocida como la correcta —en este caso más bien por intuición— se traduce más rápidamente en una acción por reflejo.

Partimos de estos pocos y vamos a intentar aprender de ellos. El aprendizaje implica que el jinete novel debe entrenarse para pensar en imágenes. Pero las imágenes ideales sólo podrán hacerse si se le enseñan muestras de movimientos «ideales», es decir armoniosos —comparándolos con movimientos incorrectos.

Ya que estas imágenes no siempre están a disposición, se recomienda el uso de películas con ejemplos positivos en el marco de la enseñanza teórica. Además, se comentarán caballos aislados disponibles o binomios jinete-caballo, para indicar sus problemas con ciertos movimientos, con el fin de entrenar la vista.

Este aprender a ver, junto con el conocimiento básico del comportamien-

Ejemplo de la falta de armonía al trote: el caballo se precipita y cae sobre los anteriores.

Caballo con actitud aceptable al trote, aunque tenso en movimiento.

to del caballo, forma la base para mejorar el manejo de éste y finalmente mejorar la monta y la doma de caballos.

Imagen del conjunto

¿Qué significa aprender a ver en sí? ¿Qué se debe observar?

Aprender a ver significa ante todo no excluir nada desde el principio. Cuántas veces se es «ciego por costumbre» –es decir, por criterios formados o prejuicios que limitan la visión sobre un hecho–. Según este ejemplo de la ceguera, la visión sin pensar conlleva una imagen idealizada, cuyos defectos simplemente no se quieren ver: incluso el buen jinete reconocido comete errores, también el caballo catalogado como de mucho talento puede estar mal montado. La opinión de los corifeos no siempre es la correcta. Quien reconozca esto, está en el mejor camino para un modo de ver sin prejuicios.

El aprender a ver significa, además, captar primero la imagen de conjunto y sólo después observar los detalles. Si se observan partes aisladas del cuerpo del caballo, éstas pueden presentar un movimiento armonioso. A pesar de ello, el movimiento en conjunto puede ser incorrecto: por ejemplo, el ritmo de los remos anteriores no cuadra con el de los posteriores. O el movimiento libre del dorso es impedido por una rigidez localizada en la nuca.

El porte de la cabeza, aparte de la reducción o ampliación del campo visual con los ojos, es determinante para el tipo de observación. La cabeza inclinada del observador obviamente trastorna la imagen de lo que se ve. El fervor con que muchos profesores intentan corregir que sus alumnos bajen la cabeza, sólo lo confirma. Al bajar la cabeza, se pone rígida la nuca, que impide una visión con soltura, y resta movilidad a la cabeza para poder seguir un movimiento rápido del caballo.

Una vez localizada una falta de armonía, se puede concentrar la atención en un detalle.

Los problemas del movimiento del caballo se ven mejor cuando no se le fuerza. Hay que observar el caballo en libertad en el campo, o a la cuerda, sin riendas de atar (a ser posible sólo con cabezada de cuadra, o cabezón de dar cuerda). Si se le ponen riendas de atar, se impide que el caballo pueda moverse con naturalidad. Cuando sin riendas de atar se observa que el caballo aprieta la parte inferior del cuello ligeramente hacia fuera, con riendas de atar será mucho más difícil de ver. Cualquier tipo de influencia sobre el caballo con medios artificiales dificulta la observación.

Por esta misma razón también resulta más difícil observar al caballo montado que al caballo solo. El caballo y el jinete se influyen mutuamente. En el peor de los casos se complican mutuamente. Quién molesta más, cuando la imagen del conjunto no funciona en buena armonía –es decir quien impidió el movimiento correcto primero ¿el jinete o el caballo? –suele ser difícil de reconocer.

La respiración
La respiración de la persona durante el manejo del caballo merece atención especial. Todo el mundo puede comprobar como, al contener la respiración, se afecta la tensión de todo el cuerpo. En el peor de los casos, el cuerpo puede estar completamente bloqueado. De cualquier manera, se limita la movilidad y con ello las imprescindibles reacciones rápidas en el trabajo pie a tierra. Por otro lado, una respiración profunda y tranquila puede relajar las tensiones de todo el cuerpo. En entrenamiento autógeno con el ejercicio respiratorio (véase Bibliografía) conlleva esta función relajante de la respiración correcta y libre. Nos podemos imaginar, por ejemplo, que la respiración fluye por todo el cuerpo, desde la punta del pie hacia la cabeza, y bajando a la punta del otro pie al inspirar –y viceversa al espirar.

Una respiración bloqueada afecta además al tono de voz del domador.

La voz/las entonaciones
Lo agudo de la voz y la entonación varían en estado de tensión o estrés. Así se origina, por ejemplo, la voz histérica que se dobla o el quedarse sin habla cuando se habla muy excitado. Si no se controla la voz al tratar con caballos, evidentemente no la podemos usar adecuadamente. Esto significa: primero relajarse, y después usar la voz.

Incluso un aviso con la voz o una entonación más fuerte puede y debe salir de una compostura tranquila (a ser posible nada emocional). Sólo debe tener valor educativo y no servir para descargar el enfado de la persona.

Resumiendo:
Las señales corporales de la persona son múltiples y se deben poder controlar y mejorar. Se debe entrenar la respiración y la resultante compostura relajada. Hay que tener en cuenta: Una compostura relajada conlleva un manejo tranquilo, seguro, sin estrés, del caballo. La postura corporal resulta en gran parte de la mental. No obstante existen ciertas influencias mutuas, de modo que antes que la relajación corporal hay que alcanzar la mental. El entrenamiento autógeno u otras técnicas de relajación, así como el método Feldenkrais para sensibilizar el cuerpo ante estados de tensión, pueden ayudar en caso de problemas. (Véase Bibliografía recomendada.)

Además hay que entrenar la vista para reconocer y catalogar movimientos correctos e incorrectos. El objetivo es desarrollar imágenes ideales.

EL EQUIPO Y SU UTILIDAD

El equipo en el trabajo de pie a tierra siempre debe ser un medio de ayuda y no convertirse en un *sine qua non*. Al igual que con las ayudas puede decirse: lo mínimo posible, lo máximo necesario.

Además, al escoger el equipo hay que saber de antemano qué tipo de trabajo pie a tierra se desea, qué objetivos se propone con ello, cuáles son las dificultades del caballo, etc.

Como se explica en el capítulo correspondiente, existe el entrenamiento de dominar, la enseñanza normal de la mano para favorecer la elasticidad, la corrección de problemas, el trabajo reunido y el trabajo sobre obstáculos o las lecciones especiales. Para muchas de estas facetas un medio auxiliar u otro en forma de equipo puede ser útil o necesario. Pero más importante que todo un arsenal de equipos es la calidad y la utilidad de las piezas aisladas del equipo y su aplicación correcta. Sobre este tema quisiera aclarar algunas cosas.

Equipo básico

Hay que empezar el control sobre el caballo en algún punto. Normalmente éste es la cabeza. Sobre la cabeza del caballo, el cerebro y la observación, se pide su atención. La cabeza se presta mejor para aplicar un instrumento de control como una cabezada de cuadra o cabezón de dar cuerda, o también por último, debido a su sensibilidad, un filete.

Sin embargo, no hay que pensar que se pueda controlar todo el caballo obligando a la cabeza y al cuello a

Una cabezada bien puesta –ni demasiado ajustada, ni demasiado suelta.

estar en una posición determinada. Todo el caballo sólo se puede controlar cuando se conocen y se aplican los mecanismos de su control, como se describen en el capítulo sobre el Comportamiento de Manada y se aclaran en el capítulo sobre el Trabajo de Base.

El equipo adecuado para poner a la cabeza del caballo es el siguiente:

La cabezada de cuadra

Para el trabajo, al principio se escogerá mejor una cabezada fina de cuerda. Ésta ejerce presión directamente sobre el lugar donde toca la cabeza del caballo. Una cabezada ancha de nylon o cuero reparte esta presión de una ayuda que debería ser aguda y la hace demasiado suave. Para caballos que ya han aprendido a reaccionar ante el lenguaje corporal del domador, naturalmente no importa qué tipo de cabezada se utiliza, ya que simplemente es un medio auxiliar de segundo rango.

La cabezada debe ajustarse de manera que no apriete. Pero tampoco debe moverse de su sitio a cada mo-

Práctica

Cabezón o cabezada de dar cuerda correctamente ajustado.

La cadenilla se pasa a través de la anilla lateral sobre la nariz del caballo.

vimiento, o llegar a rozar el ojo exterior del caballo.

Ronzal y mosquetones

Aquí hace falta un ramal largo. Debe medir como mínimo 2,5 m, preferiblemente más, y a ser posible tener peso. El extremo sobrante debe poder servir como sustituto de la fusta. Con tal fin, se coge este sobrante en la mano libre, y se puede mover a modo de propulsor (véase la ilustración). Para ello el ramal debe estar firmemente en la mano, y no debe formar nudos. La longitud debe permitir trabajar a una distancia de como mínimo 2 m (véase el capítulo de Trabajo de Base).

El mosquetón debe tener peso y no poder abrirse por sí solo. El ronzal de cuadra normal con mosquetón de pánico no es apto para trabajar. Es demasiado corto, y el mosquetón no pesa lo suficiente. Suelen servir los ramales largos de tipo western, pero no debe ser tan blando y grueso que sea poco práctico.

Cabezón de dar cuerda

En vez de la cabezada de cuadra de tipo western, también se puede emplear el cabezón para dar cuerda que se usa en la doma clásica. Tiene la ventaja sobre la cabezada de cuadra que no se desplaza tan fácilmente, aunque tiene la gran desventaja de su peso, y que debe estar apretado a la cabeza del caballo. Al estar apretado, ejerce una ligera presión continua sobre la cabeza. Si se quiere dar una señal, hay que hacer aún más presión, para que se note. Con vistas a hacer el caballo más sensible esto no es precisamente deseable. Pero quien se sienta más seguro con el cabezón puede usarlo perfectamente, ya que es importante que el domador tenga plena confianza en su instrumento de trabajo.

Sidepull

También se puede usar el llamado *sidepull* (ver foto) en vez de la cabezada de cuadra o el cabezón de dar cuerda. Tiene la ventaja de su ligereza, y pese a ello su acción es algo más fuerte que la de una cabezada de cuadra normal.

La cuerda larga

La cuerda es imprescindible para el trabajo en círculos grandes. Con un ramal largo no se puede trabajar un caballo a galope, y menos un potro, ya que el círculo resultaría demasiado pequeño.

La cuerda debe tener las mismas características que el ramal largo: debe ser redonda y pesada, cómoda en la mano, y no tender a anudarse o liarse. La cuerda habitual de algodón no es cómoda en la mano y suele ser demasiado ligera, de modo que flota en el aire, y por consiguiente transmite señales añadidas −no controladas− al caballo. El golpe haciendo ondas (véase el capítulo correspondiente) con una cuerda demasiado ligera difícilmente se puede ejecutar. Además, el extremo sobrante de la cuerda se debe poder usar para girar a modo de propulsor en sustitución de la tralla.

La cabezada y el ramal o la cuerda larga son suficientes para la doma básica, el entrenamiento de dominancia del caballo, que no tenga complicaciones psicológicas, que tra-

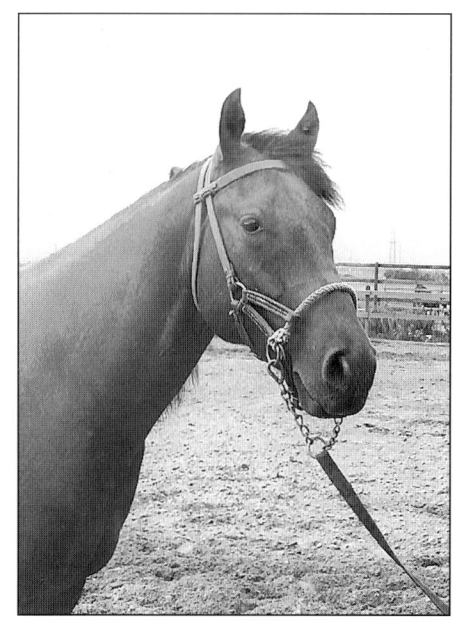

*El **sidepull** actúa por presión sobre la nariz y los lados de la cabeza. Se debe llevar como un filete en el sentido de la monta **western**, es decir, sin mantener contacto constante sobre las riendas.*

taremos en el capítulo correspondiente.

La cadena y el *war bridle*

Para caballos que ya han aprendido a dar problemas, puede ser útil el uso de la cadena o del *war bridle* (cabezada de guerra, ver foto). Ambos sólo deben activarse durante breves instantes. Hay que evitar el tirar de ellos −de hecho, como siempre, al tratar con caballos−, ya que sólo se consigue que el caballo se habitúe a esta señal dolorosa y en el peor de los casos, sólo se provocan resistencias ante el dolor.

Llegamos a las ayudas artificiales y riendas auxiliares que, muchas ve-

Práctica

ces, pueden ser necesarias para ciertas lecciones o correcciones.

Medios auxiliares

Los medios auxiliares para aumentar el alcance del hombre son la tralla y las fustas larga y corta.

Para dar cuerda se puede usar la fusta o la tralla, según se trabaje a mayor o menor distancia. Quien sepa manejarlas, también puede tomar ambas herramientas en la mano y, según la necesidad, usar la una o la otra.

La tralla no debe ser demasiado pesada. Es preferible una tralla corta con mucha cuerda antes que una tralla muy larga y pesada, cuya punta apenas se puede levantar del suelo: con una tralla demasiado pesada difícilmente se puede apuntar correctamente. La cuerda de la tralla, preferentemente será una tira de cuero fino. El cuero es suficientemente estable y sin embargo ligero. Las gruesas de nylon trenzado son inútiles y, además, pesadas.

Ejercicios con el extremo de la cuerda y la tralla

Un breve consejo para el manejo de herramientas como el ramal y la tralla: su uso debe aprenderse como ejercicio a solas, antes de ponerse ante el caballo. El domador debe dirigir toda su atención al caballo. Si tiene que estar probando la tralla o la fusta, o el manejo del extremo de la cuerda, distrae su atención del caballo, cosa que éste puede aprovechar para escapadas no deseadas.

Los ejercicios con el extremo de la cuerda pueden ser por ejemplo: hacer girar la cuerda en la mano libre y acercarse hacia algo, que se roza ligeramente con el propulsor. Nuevamente se aleja y vuelve a acercarse,

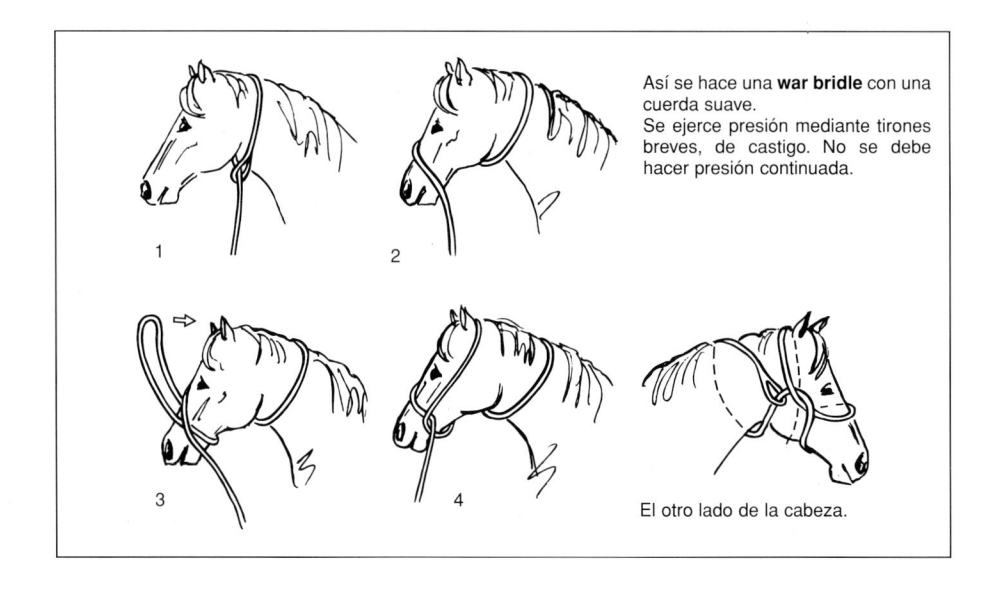

Así se hace una **war bridle** con una cuerda suave.
Se ejerce presión mediante tirones breves, de castigo. No se debe hacer presión continuada.

El otro lado de la cabeza.

sin alterar el ritmo de giro de la cuerda. Cuando esto se domina, se podrá molestar al caballo de modo dirigido en cualquier parte del cuerpo.

Los ejercicios con la tralla tienen por objeto el tocar al caballo en un punto determinado con la cuerda. Se trata de saber tocar cualquier punto determinado –sin hacerle daño de verdad–. Si se domina la tralla, también se puede hacer venir el caballo hacia el domador con la correa de la tralla, haciendo ondas con ella y tocando las manos o los pies del caballo por detrás. Ensayar las ayudas de la tralla es muy importante, ya que se debe tocar el punto exacto del caballo, donde está el problema. Si, por ejemplo, el caballo no dobla suficientemente los posteriores, hay que tocarle exactamente sobre la articulación del corvejón. Si no remete bien los posteriores, se le puede tocar más abajo.

El siguiente ejercicio consiste en realizar el golpe de fusta o tralla desde la articulación de la muñeca, sin mover la mano o el brazo demasiado. Esto es importante, para no avisar siempre al caballo de una ayuda de tralla con el movimiento del brazo. Muchas veces es conveniente tocar el caballo por sorpresa, sin que se pueda preparar y poner tenso ante el toque de tralla.

En el trabajo con riendas largas (con filete) también hay que procurar, al dar una ayuda con la tralla, no molestar al caballo en la boca. Esto sólo puede ser evitado con un movimiento desde la muñeca.

También se puede ensayar el hacer sonar la tralla, y usarlo para pedir atención al caballo (por ejemplo en vez de usar la voz). Para hacer sonar la tralla, se hace venir el extremo lentamente hacia uno, se eleva el mango de repente y se sacude hacia abajo.

RIENDAS ARTIFICIALES Y FILETE

Para corregir caballos, o para lograr mayor reunión de un caballo, a menudo son recomendables las riendas auxiliares.

Riendas de atar/filete

Empecemos con las bien conocidas riendas de atar. Se emplean, en combinación con el filete para invitar al caballo a soltar la presión de la boca. La embocadura adecuada es un filete de doble articulación (filete de tres piezas) o rígido de caucho o Nathe. Con este tipo de filete se evita que el centro pueda levantarse contra el paladar si el caballo llega a tirar del mismo. Unos aros de goma en las anillas del filete evitan que se pellizquen las comisuras de los labios si el caballo se resiste. La muserola, que no tiene otra función que forzar al caballo a cerrar la boca, no se debe usar. Un caballo sólo abrirá la boca si se siente molestado por algo. Si se quita la molestia, la cierra por sí solo.

Las buenas riendas de atar son de goma, que dejan más libertad de movimiento al caballo. Las riendas de atar de cuero con anilla de goma, por su falta de elasticidad consiguen más bien que el caballo se apoye sobre el filete. Cuando se da cuerda al caballo con riendas de atar, normalmente se pone la rienda interior algo más arriba (en el cinchuelo, más cerca de la cruz) que la exterior. Así se evita que el caballo se deje caer demasiado sobre la espalda interior. Pero para ejercicios específicos se adaptarán según cada caso (véase el capítulo Reunión).

Práctica

Riendas corredizas/riendas fijas

Cuando no se desea tener que cambiar las riendas de atar constantemente, por ejemplo para cambiar de mano a la cuerda, sin tener que llamar al caballo hacia el centro, se puede usar una sola rienda fija (gamarra) o las riendas corredizas puestas muy bajas y pasadas entre los anteriores del caballo (véase ilustraciones).

Chambon

Para caballos con problemas de dorso o un cuello de inserción demasiado baja, así como en general para potros (si es que necesitan riendas auxiliares) es preferible el Chambon o la rienda artificial western, semejante a un Chambon, que trabaja sobre la nuca del caballo. Con las riendas de atar siempre pueden surgir tensiones en el cuello y la nuca mientras que el Chambon evita estas tensiones, ya que el caballo tiene más movilidad en todas las direcciones, salvo hacia arriba.

No es necesario conocer otros tipos de riendas artificiales, ya que todas las demás son irrelevantes para el trabajo pie a tierra y, generalmente para el trabajo montado.

El cinchuelo

Si se desea o se debe trabajar con riendas artificiales, entonces hace falta un cinchuelo. El cinchuelo debe ofrecer la posibilidad de ajustar las riendas de atar más arriba o más abajo, es decir debe disponer de varias anillas a diferentes alturas. Con ello se facilita enormemente el trabajo con la cuerda doble o las riendas largas.

Así llegamos a los últimos componentes del equipo:

La cuerda doble y las riendas largas

Para ambas es importante que sean cómodas en la mano. Tanto la

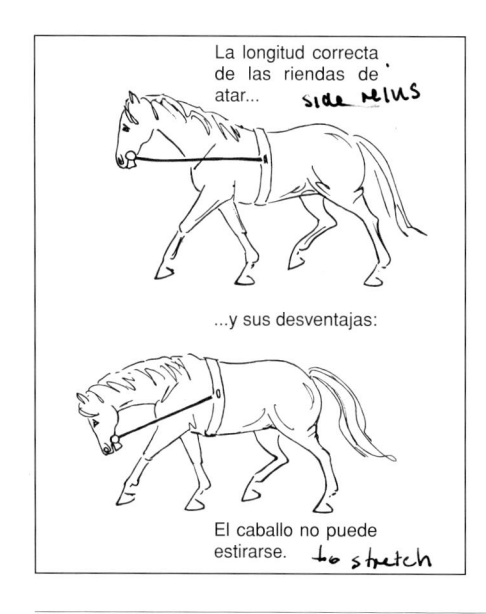

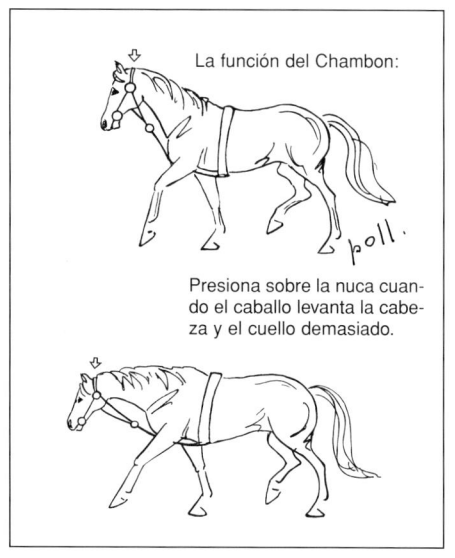

La longitud correcta de las riendas de atar...

...y sus desventajas:

El caballo no puede estirarse.

La función del Chambon:

Presiona sobre la nuca cuando el caballo levanta la cabeza y el cuello demasiado.

Práctica

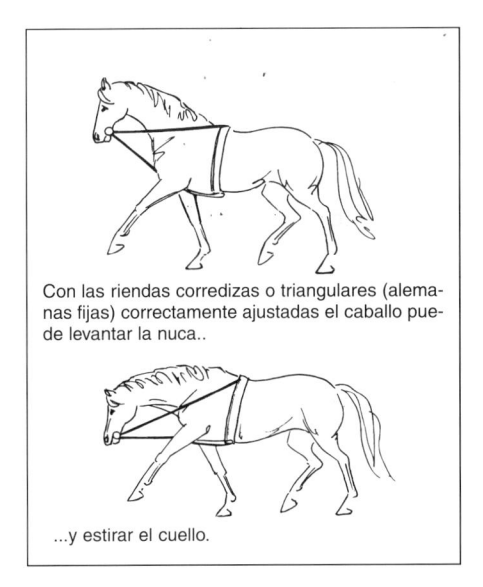

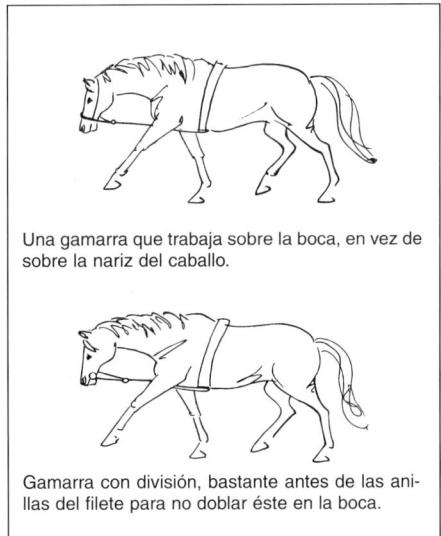

Con las riendas corredizas o triangulares (alemanas fijas) correctamente ajustadas el caballo puede levantar la nuca..

...y estirar el cuello.

Una gamarra que trabaja sobre la boca, en vez de sobre la nariz del caballo.

Gamarra con división, bastante antes de las anillas del filete para no doblar éste en la boca.

cuerda doble como las riendas largas no deben ser tan pesadas como la cuerda que se usa a solas –y nunca deben ser redondas–. La cuerda sola y pesada puede usarse con la cabezada de cuadra, para enseñar dominancia y flexibilidad al caballo sin forzarlo corporalmente, pero la cuerda doble y, sobre todo, las riendas largas, son herramientas que se usan con filete. Con tendencia a lograr mayor reunión, deben simular en gran parte el trabajo montado. Esto implica que se deben dar las ayudas de las riendas como si se estuviera encima. Para ello lo más apropiado son las riendas de lona. Poseen unas hebillas para ajustarlas a las anillas del filete.

Las riendas largas miden aproximadamente 7-8 m. La cuerda doble se compone de dos cuerdas separadas, o una sola de doble longitud, con mosquetones en ambos extremos.

REQUISITOS EXTERNOS

Aparte de perfeccionar nuestros propios movimientos y reacciones, así como escoger el equipo adecuado, se pueden facilitar las cosas dando pocas posibilidades al caballo para eludir la influencia del hombre.

Se pueden considerar felices quienes tengan un *round-pen* (picadero circular) fijo, vallado (preferiblemente con poca visibilidad del exterior), de unos 18 m de diámetro. En semejante pista para dar cuerda, el caballo no es distraído por influencias externas. Por fuerza se concentrará más en el domador. Además, no puede escaparse hacia fuera al trabajar a la cuerda. Cuando se pasa al trabajo sin cuerda (principio de la doma en libertad), el caballo no puede pararse en una esquina, como suele ocurrir en una pista cuadrada. Naturalmente, más adelante el trabajo se debe poder hacer en cualquier lugar. Se trata meramente de los ejercicios iniciales, cuando se deben evitar todos los factores posibles para resistencias.

Quien no tenga la gran ayuda de un *picadero circular*, tendrá que improvisar. Como sustituto se puede hacer una valla con balas de paja. Un paddock con las esquinas cortadas (con cuerdas) también puede servir.

La calidad del suelo también es importante. Desde luego no debe ser resbaladizo, para evitar inseguridad y tensión en el caballo. Tampoco demasiado blando como para cansar a un potro con demasiada energía.

Cuando se está obligado a trabajar fuera en cualquier tiempo, los días en que todo está encharcado, eventualmente se puede trabajar en obstáculos de trail. No se puede obligar al caballo a trabajar concentrado a la cuerda cuando se nota que el suelo le causa problemas de equilibrio.

De todas maneras, hay que vigilar el tiempo que hace. Cuando hace mucho viento y frío, es casi seguro un comportamiento alocado y falto de concentración por parte del caballo. Por tanto los ejercicios con un potro o caballo difícil se harán mejor con tiempo cálido y calmado.

TRABAJO DE BASE

Aclarar la dominancia/jerarquía

Para quien no tenga conocimiento del tema de la dominancia, un sistema de trabajo al principio sorprendente es el concepto de la doma natural de la mano, como la practica el americano Pat Parelli para el *reining*. Las bases de este trabajo se han descrito en el capítulo del Comportamiento de Manada.

Este sistema consiste en reducir el equipo al mínimo y usar al máximo el lenguaje del propio cuerpo. (Para el trabajo avanzado, para ejercicios o problemas específicos, se puede ampliar este concepto con el equipo clásico o de tipo western.)

Se trabaja con mucha psicología y un mínimo de material, contrario a la preparación tradicional para empezar

Un picadero circular con valla alta, como ayuda para el trabajo en libertad. Aun sería mejor si la valla ocultara el exterior, con el fin de mantener toda la atención del caballo hacia el domador.

a montar un potro. Ni tralla, ni riendas de atar, ni cinchuelo, ni filete, ni cabezón de dar cuerda, ni nada de lo que suele ponerse al caballo con el método clásico. Como único equipo realmente necesario sirve una cabezada de cuerda fina pero fuerte, así como una cuerda con peso, no demasiado gruesa, ¡de unos 3 m de largo! (Véase el capítulo Equipo.) Este ramal largo, a lo largo del trabajo se sustituye en parte por una cuerda de dar cuerda.

¿Nada más?

¡Nada mas!

Todo lo demás, por un lado es el conocimiento psicológico del comportamiento natural del caballo y la buena observación del animal. Por otro lado, es la consciencia y posible corrección de la influencia de la propia actitud, posición y gesticulación (lenguaje corporal) sobre el caballo. (Véase el capítulo anterior.)

Para el método natural es de suma importancia el conocimiento básico de la jerarquía y de los factores esenciales de seguridad y protección para el miembro individual de la manada, como se ha descrito en el capítulo del Comportamiento de Manada. Es importante porque hay que imitar el comportamiento del animal dominante, de rango superior, con el propio lenguaje corporal. Si se consigue esto, entonces el resultado de la obediencia voluntaria (natural) del caballo está garantizado. Ya que el caballo por instinto siempre confía a ciegas en su superior, quien además hace la función de protector, y se somete sin pensárselo, no vuelve a haber desobediencia por un «no querer». Por consiguiente, una vez aclarada la dominancia, el domador normalmente puede partir de la base de que una desobediencia de su caballo se debe a un «no poder» o «no entender», es decir que no se ha expresado bien o que ha pedido demasiado a su caballo, de modo que debe buscar el fallo en sí mismo. Esto facilita enormemente la distinción de castigo si o no.

El concepto de la doma natural de la mano se basa en un simple fundamento del comportamiento de la manada:

¡El caballo de rango inferior debe ceder ante el de rango superior!

Ya que el hombre debe representar al caballo de rango superior (idealmente el semental jefe o la yegua superior), puede pretender igualmente ocupar el sitio donde esté el caballo.

Esto significa, con un ejemplo sencillo de la práctica: El caballo está dormitando en un lugar del campo. La persona se dirige decididamente hacia él y lo echa de este lugar.

Si el caballo hasta entonces había tenido poco respeto a su domador, podría intentar mantenerse firmemente en su sitio. Si lo hace, el futuro jinete ya habrá perdido la primera ronda en el juego de la jerarquía –y probablemente también perderá todas las demás.

Movimiento forzado haciendo girar el extremo de la cuerda

Un medio sencillo para reforzar nuestra intención, es la cuerda pesada descrita anteriormente, que el domador hace girar con la mano como un propulsor (véase el capítulo Equipo). Este movimiento forzado del extremo de la cuerda refuerza cualquier otro movimiento (por lo tanto también el movimiento hacia adelante en dirección al caballo). Si no hiciera efecto sobre el caballo, también se le puede rozar con este propulsor sobre la espalda o el costado, hasta que se canse del repetido ruido y tacto de la cuerda, y se aparte.

La ventaja de usar el extremo de la cuerda consiste en que se puede aplicar con más rapidez y flexibilidad, sobre todo en acciones rápidas del domador. Sin embargo hay ejercicios, sobre todo cuando se llega a la reunión, en que el uso de la fusta permite más precisión. A quien le parezca más simpático el uso de la fusta en vez del extremo de la cuerda puede trabajar ampliamente con la fusta; deberá hacer mover la punta de la fusta, en vez de girar el extremo de la cuerda. Quien haya probado ambas cosas, verá diferencias de reacción en distintos caballos ante la fusta o el extremo de la cuerda. Un caballo reacciona mejor a la cuerda, otro a la fusta.

Con este tipo de ensayos, desde luego es importante no perder de vista al caballo, ya que es posible que el animal salga rápidamente de su sitio, pero puede hacerlo pegando una coz sin miramientos. O primero intenta si puede mandar él y se encamina hacia el domador. Éste debe responder ante tal amenaza manteniendo una postura lo más erguida posible con la cabeza alta (véase el capítulo Lenguaje Corporal) y con el brazo estirado hacia el caballo y, a ser posible, dando un paso hacia el caballo. Si el domador llega a retroceder un solo paso, el caballo habrá vuelto a ganar una ronda en la lucha por el mando.

Para caballos muy rebeldes también se puede usar una fusta larga en vez del extremo de la cuerda y hacerla vibrar (no pegar) para no exponerse demasiado al alcance de los cascos. Para tales ejercicios es conveniente conocer los límites de la zona de peligro.

Al principio da igual en qué dirección el caballo abandona su lugar. El trabajo avanzado sobre este tema consiste en hacer ceder el caballo hacia una dirección determinada, por ejemplo con los anteriores o solamente con el posterior.

Para ello se le debe haber acostumbrado a trabajar con la cabezada y el ramal largo o la cuerda, más adelante también suelto en el picadero circular.

Para ello el caballo dispone principalmente de 6 posibilidades de ceder:

Hacia arriba
(por ejemplo levantarse de manos o subir a una rampa),
hacia abajo
(por ejemplo bajando o saltando a un desnivel),
hacia adelante
caminando hacia adelante,
hacia atrás
retrocediendo,
hacia un lado, izquierda o derecha
cediendo con el anterior o el posterior (a modo de media pirueta sobre las manos o los pies), mediante un

Traer el caballo hacia el domador: en caso de resistencia, ejercer más presión...

...y premiar cuando haya venido. (Por ejemplo acariciarle la frente.)

Hacer bajar la cabeza mediante presión vibrante en aumento.

movimiento lateral completo del anterior o del posterior hacia la izquierda o la derecha en la forma de:
– cesión a la pierna (45°)
– andar de lado (90°).

El trabajo del domador consiste en entrenar el caballo de modo que llegue a ceder en la dirección deseada. Las posibilidades de ceder hacia arriba o hacia abajo al principio se descartarán; se utilizarán más adelante cuando el caballo se trabaja de la mano en terreno desigual, haciéndole ejecutar pequeños saltos hacia arriba y abajo, o para ejercicios avanzados de la doma en libertad (hacer levantar de manos, hacer tumbar). Más adelante se volverá sobre el tema. Para el comienzo sólo importan las restantes cuatro direcciones –hacia adelante/hacia atrás/izquierda/derecha.

1. Hacia adelante

(en dirección hacia el domador)
El domador se mantiene delante del caballo.
La persona debe estar a unos 2-3 metros delante del caballo, mirándolo de frente, y tira suavemente del ramal. Si utiliza una cuerda larga, la distancia aún puede ser más grande.

La reacción del caballo puede ser muy variada. Si de alguna manera tiene miedo del hombre, o por cualquier otra razón no quiere venir hacia el domador, se quedará plantado firmemente, alargando el cuello ante la presión sobre la nuca, sin moverse hacia adelante. En este caso el domador debe mantener el ramal como si fuera de goma: aumenta lentamente la presión y vuelve a ceder, para probar si el caballo sólo se resiste a la presión y quizá venga por sí mismo si deja de sentirla. Si no reacciona, se vuelve a hacer presión (como en la media parada pero con más fuerza) hasta que el caballo lo encuentre desagradable y dé un paso hacia adelante. Tras esta reacción, el domador debe ceder la cuerda en seguida. Aun mejor, cede en cuanto el caballo se mueve. Ahora el caballo puede asociar el paso hacia adelante con algo agradable; deja de sentir presión en la nuca. De la misma manera se intentará que dé más pasos hacia adelante. Al poco tiempo el caballo dará varios pasos hacia el domador. Es importante siempre ceder en seguida, tan pronto el caballo muestre la intención de moverse hacia adelante. De hecho, el domador ya debe ceder cuando el caballo levante una mano. De esta manera el caballo considera su movimiento hacia la persona como una decisión por propia voluntad. Puede escoger entre una sensación agradable o desagradable. Para el progreso del trabajo es muy importante dar la sensación al caballo de que hace las cosas por propia voluntad.

Tan pronto el caballo se pare, se vuelve a ejercer presión. Al poco tiempo el caballo mismo cederá ante la más mínima presión, avanzando hacia adelante. Si se resiste mucho, se puede trabajar con la tralla y hacerlo venir con un movimiento de la misma (detrás de las manos).

Cuando el caballo llegue hasta el domador, éste debe premiarlo (vea tipos de premios en el capítulo correspondiente) y dejarlo parado y tranquilo por un momento. Con ello se finaliza este ejercicio. Todo ejercicio debe terminar dejando al caballo tranquilamente parado.

Tras una pequeña pausa, se puede repetir el ejercicio.

El ejercicio de hacer venir al caballo se puede combinar pronto con el de ceder hacia atrás (véase el párrafo siguiente). Cuando salga bien el ejercicio se puede reducir la distancia entre domador y caballo, y mientras el domador avanza hacia él, atraer el caballo hacia sí. Para jinetes de paseo esto puede ser muy útil cuando se encuentra con su caballo en terreno difícil.

Bajar la cabeza

Una variación de este ejercicio es hacer que el caballo baje la cabeza. Para ello, el domador se pone en cuclillas delante del caballo, y desde abajo ejerce la presión sobre la nuca arriba descrita, hasta que el caballo baja la nariz al suelo. Si quiere volver a subir la cabeza en seguida, se vuelve a dar un tironcito del ramal. Al poco tiempo el caballo mantendrá la nariz en el suelo hasta que el domador dé una orden nueva.

El objetivo de este ejercicio es nuevamente, primero, el de hacer ceder el caballo ante el aumento de presión que ejerce el domador y, segundo, el conseguir relajar la musculatura del dorso (véase también el capítulo sobre Relajación). Es divertido intentar colocar la cabezada al caballo poniéndose en cuclillas delante de él. Así se puede comprobar hasta qué punto baja la cabeza por propia voluntad.

Estos ejercicios de cesión ante la presión ejercida con el tiempo llegan a sensibilizar al caballo, tanto que, nada más iniciar la presión o el tirar del ramal, cede. Así se facilita mucho el trabajo en el futuro, ya que también montado cederá ante una mínima presión, si se le ha entrenado para ello de la mano.

1.a Hacia adelante (enviar el caballo por delante del domador, guiarlo desde atrás)

Aquí se debe empujar de manera similar a como lo hace el semental líder de la manada (véase Comportamiento de Manada).

El domador se pone lateralmente detrás del caballo, lo sujeta del ramal largo y lo envía hacia adelante moviendo el extremo de la cuerda o dando un golpe con la mano estirada. (También el trabajo avanzado con riendas largas se basa en este sistema de dirigir el caballo desde atrás.)

Así se puede ir a pasear un poco con el caballo –también por el campo, pasando por delante de todos los «sustos» y «monstruos comecaballos».

El caballo asocia al que le guía desde atrás con el animal líder, en quien confía y al que obedece a ciegas.

Naturalmente, al principio también surgirán problemas en esta forma de dirigir al caballo: éste no quiere pasar por tal o cual lugar, no sigue en la misma dirección que desea el domador, etc. Con una fusta rígida o palo fino (por su alcance mejor que el extremo de la cuerda) se puede tocar la espalda, el cuello o el costado del caballo, para corregir la dirección o hacerlo avanzar más, imitando con ello los mordiscos del semental jefe hacia el caballo de rango inferior.

2. Hacia atrás (en el sentido de mandar retroceder)

El caballo debe ceder hacia atrás, preferentemente sin que el domador se tenga que mover de su sitio. Es decir, debe conseguir que el caballo retroceda ante él, respondiendo a su lenguaje corporal.

Un ejercicio previo muy útil, para indicarle la dirección deseada al caballo, consiste en acercarse a éste haciendo girar el extremo de la cuerda delante de su nariz. Un caballo sensible y miedoso, abrirá los ojos horrorizado, y huirá hacia atrás; a uno que sea más linfático quizá primero se le tenga que tocar en la nariz con el extremo de la cuerda girando para que retroceda.

El domador debe vigilar mucho su propia posición y corregirla si es necesario, ya en esta fase inicial. Debe sentirse crecer ante su caballo. Su

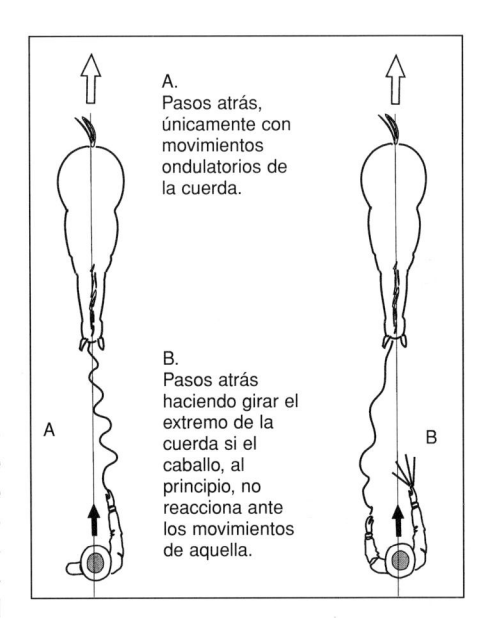

A. Pasos atrás, únicamente con movimientos ondulatorios de la cuerda.

B. Pasos atrás haciendo girar el extremo de la cuerda si el caballo, al principio, no reacciona ante los movimientos de aquella.

movimiento debe dirigirse directamente hacia el pecho del animal. Al mismo tiempo, mira al caballo con la cara alta y extiende el brazo con el extremo de la cuerda girando hacia adelante, dirigido hacia el pecho o la nariz del caballo. Si éste levanta la cabeza, también se levanta la cuerda, para que la vea delante.

El domador también debe vigilar su respiración. No debe contener la respiración en ningún momento. Si lo hace, se pondrá tenso interiormente y su lenguaje corporal expresará miedo o inseguridad. El caballo lo notará en seguida y el domador perderá su autoridad.

Si primero se desea trabajar sin usar el extremo de la cuerda de modo giratorio, por ejemplo para no asustar a un caballo miedoso, se le puede influir con los dedos. Se puede imitar un mordisco pinchando al caballo con los dedos.

Ayudas mínimas en el trabajo pie a tierra

Un paso adelante para influir sobre el caballo sin medios auxiliares y sin tocarlo consiste en mover los brazos levantados delante de su cara. Con ello se imita el «crecer» e imponerse del caballo superior en rango. Si no reacciona, se le puede golpear con la mano plana en las mejillas, hasta que retroceda. Este ejercicio le puede parecer terrible al espectador inexperto: el caballo levanta la cara, con ojos de espanto, una imagen de resistencia, con lo cual el hombre sin duda alguna parece un espantapájaros. A pesar de todo, con ello se consigue que el caballo preste atención a las señales corporales del hombre, mientras que anteriormente no lo tomaba muy en serio. Al poco tiempo el caballo se volverá más atento y reaccionará sin poner cara de espanto.

Al igual que en el trabajo montado (sobre todo la monta western), en el trabajo pie a tierra se van reduciendo poco a poco las ayudas, y se intenta llegar a unas ayudas mínimas.

Tras estos ejercicios previos, aún se puede intentar llegar a hacer retroceder al caballo meramente con una postura corporal algo amenazante.

En vez de hacer girar el extremo de la cuerda, con lo cual hay que aproximarse bastante al caballo antes de que reaccione, ahora se emplea el ramal de otra manera. Se hace mover en forma de ondas, de modo que a intervalos regulares, el caballo reciba un pequeño tirón sobre las quijadas. La postura erguida del domador, su respiración regular, y sobre todo su brazo estirado hacia adelante, indican al caballo que se mueva hacia atrás. Si no reacciona, los movimientos ondulatorios se harán algo más fuertes y laterales. (Los toques más fuertes sobre un lado, además de la posición del domador, también pueden corregir la dirección del caballo, cuando éste intente escaparse de lado en vez de retroceder. Si la grupa se escapa hacia la derecha, se tira más del lado izquierdo de la cabeza, para que gire la cabeza hacia la derecha. El domador sin embargo, permanece en el lado derecho, para corregir la grupa hacia la dirección deseada –véase también Movimientos laterales.)

En un momento dado el caballo se cansará de las ondulaciones del ramal, y retrocede. El ramal debe quedarse quieto al momento. Comienza de nuevo cuando el caballo deba retroceder de nuevo. Si el caballo reacciona bien, el movimiento ondular del ramal sólo se utilizará como ligera señal para comunicar al caballo que debe retroceder. El ramal se queda quieto cuando el caballo debe quedar parado.

En este ejercicio, el premio sólo es posible mediante la voz y dejando parado y satisfecho al caballo, ya que el animal se ha alejado del domador. El domador debe enviar al caballo hacia atrás, sin moverse de su sitio –sólo con la fuerza de expresión de sus gestos y su lenguaje corporal–. Más adelante, una ayuda como ésta de los movimientos ondulatorios del ramal, se puede omitir por completo, por ejemplo al trabajar en el picadero circular. El caballo, entonces, reacciona únicamente ante las señales corporales del domador.

Un ejercicio más avanzado en este contexto, que ya se ha mencionado en el capítulo del Comportamiento de Manada, es el guiar al caballo, primero al paso, luego al trote, seguido inmediatamente por hacerle retroceder. Para ello, el caballo debe hallarse detrás del domador. El domador se para en seco, y acto seguido da unos pasos hacia atrás (sin mirar atrás). Al mismo tiempo levanta un poco los codos y los mueve un poco, como una gallina que revolotea. El caballo ahora debe retroceder inmediatamente. Si no lo hace, se verá los codos delante de la nariz. Cuando este ejercicio al paso y al trote también funciona con movimientos muy rápidos del domador, demuestra claramente el grado de atención del caballo que debe prestar a un superior en rango, para que éste no le reprima, si en un descuido por ejemplo, le alcanza o sobrepasa.

El ceder hacia atrás sirve para flexibilizar al caballo y reafirma la autoridad del domador ya que es un gesto de aceptar la superioridad del otro.

Más adelante, el ejercicio de hacer pasos atrás cuando vaya montado resultará muy sencillo tras esta preparación. Generalmente, será suficiente elevar un poco la mano, moviendo las riendas, similar al movimiento del ramal/cuerda larga.

3. Hacer ceder hacia la izquierda o la derecha, con tres posibilidades de cesión

3.a Hacer ceder sólo el posterior

Con ello, el caballo realiza una pirueta sobre las manos.

El objetivo del ejercicio es el control total sobre el posterior del caballo. De este modo, y como se describe más adelante, siempre se puede parar el caballo, por ejemplo a la cuerda, sin usar la fuerza. También es importante este control para cambiar de mano al dar cuerda.

Al retroceder el domador, se invita al caballo a hacer lo mismo.

Pasos atrás con movimientos ondulatorios de la cuerda, cuesta abajo.

Al caballo se le ordena retroceder solamente con el lenguaje corporal, con la cuerda floja.

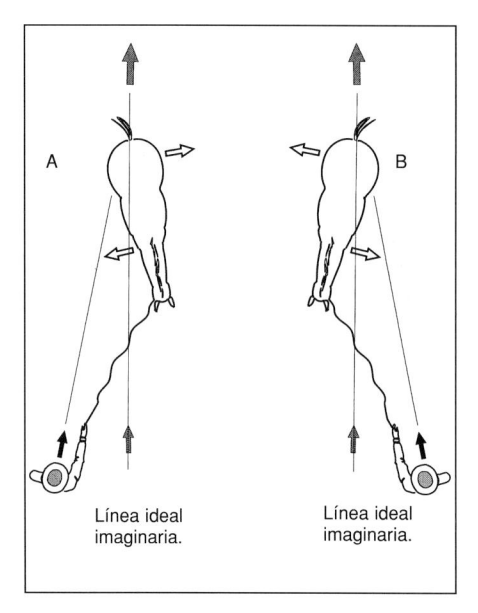

64 *Práctica*

Corrección del caballo que saca la grupa hacia la izquierda (A) o la derecha (B). El domador dirige sus movimientos hacia el posterior del caballo. El caballo cede con la grupa y vuelve sobre la línea ideal imaginaria. (Véase también «Fijación».)

En este ejercicio el domador se pone de lado junto al caballo, más o menos a la altura de la cabeza, y mirando hacia el posterior del caballo. La mano más próxima al caballo, sujeta el ramal, de manera que quede colgando, cerca del suelo (véase el dibujo).

Dirección-objetivo del domador cuando el caballo debe ceder únicamente con la grupa.

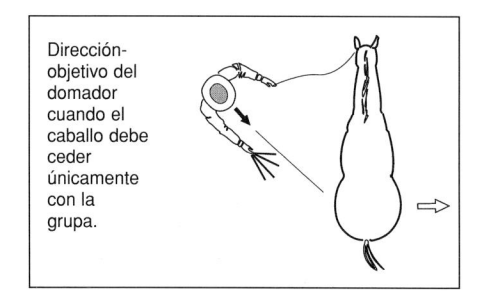

Para estimular al posterior a ceder, el domador se mueve ahora decidido y firme en dirección al posterior, levantando claramente las piernas desde la cadera. Las puntas de los pies al marchar hacia adelante, se dirigen claramente hacia el posterior del caballo. El domador se mantiene erguido. Refuerza su movimiento haciendo girar el extremo de la cuerda, que mantiene en la mano alejada del caballo, a la altura de la rodilla/corvejón de éste.

Por ejemplo, si se desea hacer ceder el posterior hacia la derecha, el domador se pone al lado izquierdo del caballo. Su hombro derecho se halla lateralmente junto a la cabeza del caballo. Su mano derecha sujeta el ramal suavemente, la mano izquierda hace mover el extremo de la cuerda (izquierda y derecha vista desde la posición del domador).

Ahora se mueve hacia el posterior del caballo que debería ceder acto seguido hacia la derecha.

Ahora bien, en este ejercicio sólo debe ceder el posterior, no todo el caballo. Esto significa que los anteriores deben permanecer en su sitio, si el caballo reacciona bien, es decir, cuando el domador da las señales adecuadas. De hecho se trata de pedir una rápida pirueta sobre las manos. La ejecución correcta es controlable con la soltura del ramal. Si el caballo responde como se desea, el ramal siempre seguirá colgando de manera holgada cerca del suelo.

Al término del ejercicio, el caballo siempre debe quedar cara al domador. Si, por el contrario, le muestra el costado y se tensa el ramal, es que no ha reaccionado bien y se debe repetir el ejercicio hasta que el caballo quede mirando hacia el domador, cediendo únicamente con el posterior.

No es probable que el caballo reaccione en seguida correctamente, como se ha descrito antes. Un caballo fuerte, sin demasiado respeto hacia el domador, puede no reaccionar la primera vez y simplemente mirar sorprendido al hombre como diciendo ¿qué quieres ahora? Un caballo sensible, miedoso, quizá dé un salto de lado, pero con los cuatro pies, de modo que se tensa el ramal y los anteriores se alejan del domador.

El caballo fuerte, por lo tanto, sólo reacciona ante el hombre si éste le toca con el extremo de la cuerda. Los toques regulares contra el posterior, finalmente, harán ceder al caballo. La reacción más fuerte sería que el caballo quisiera deshacerse completamente de la molestia provocada por el hombre –con manos y pies.

El domador debe reconocer esta reacción en seguida y continuar el ejercicio. Para ello deberá estar en forma, ya que muchas veces es inevitable tener que correr tras el caballo (detrás del posterior en este caso). Para corregir puede tirar del ramal brevemente y acortarlo (sin hacer presión continua, para evitar que el caballo se agarre). El extremo de la cuerda vuelve a tocar el posterior. En un momento dado, con este sistema incluso un caballo linfático debe reaccionar con fuerza. Entonces corre desesperadamente alrededor del domador. Incluso esto es aceptable: una reacción rápida, como también muestra el caballo inferior en la manada, si no quiere recibir una reprimenda de un superior.

Cuando el domador detiene sus señales/ayudas, el caballo le debe mirar. Si no lo hace, se empieza de nuevo.

El caballo cede con el posterior. La punta del pie del domador apunta hacia el pie interior del caballo, la cuerda queda floja.

Un caballo fuerte muchas veces se pone a saltar alrededor. Siempre hay que dejarle suficiente ramal y no intentar sujetarlo.

Si el caballo cede bien hacia un lado se hace el mismo ejercicio por el otro lado. También en el trabajo pie a tierra se hará notar en seguida el lado más rígido del caballo, de cuyo lado costará más hacer ceder el posterior.

Cuando el domador tenga ambos lados perfectamente bajo control, habrá logrado que el caballo se fije totalmente en los movimientos del hombre. Una prueba del éxito de este ejercicio es el siguiente.

La fijación

El domador se pone delante del caballo: da un paso hacia adelante y hacia la derecha –el caballo debe ceder con el posterior hacia la izquierda–. Los anteriores permanecen en su sitio, pero moviendo los posteriores, todo el caballo gira alrededor del «eje anterior», hasta que vuelve a quedar frente al domador. A continuación el domador da un paso hacia la izquierda –el caballo cede el posterior hacia la derecha– y vuelve a mirar al domador.

Estos pasos hacia izquierda y derecha ahora se pueden seguir con más rapidez e irregularidad. Si el caballo ha aprendido bien la lección de ceder con el posterior, se fija totalmente en los movimientos del hombre y por tanto en sus señales corporales. Siempre estará al tanto de ceder en seguida, cuando se le pida. Más adelante será suficiente el movimiento hacia un lado del domador para que reaccione el caballo; el paso hacia adelante –en dirección a la grupa– se puede omitir en un cambio de dirección rápido y con la sensibilidad y atención del caballo suficientemente desarrolladas. De hecho, con la fijación, el caballo ejecuta un seguimiento similar de movimientos, como el «cutting» del caballo western. Sin embargo, se origina de otra manera. El caballo de cutting reacciona ante los movimientos de la vaca, ya que debe mantenerla bajo control. En la fijación, es el domador quien provoca los movimientos del caballo, ya que lo controla.

Es decir, el caballo de *cutting* controla, mientras que el caballo fijado es controlado.

La atención que se exige del caballo mediante la fijación, determina su perfecto control de la mano, a la cuerda o en el picadero circular.

Si se ha establecido la reacción del caballo con este ejercicio, el domador ahora podrá dar cuerda a su caballo, por ejemplo, y pararlo a todos los aires dando un paso en dirección a la grupa: el caballo cede el posterior hacia fuera y se queda mirando al domador.

Esto también funciona con resistencias del caballo, por ejemplo cuando tira hacia fuera sobre el círculo, sale sobre las espaldas, etc. Sin embargo, sólo funciona si se cortan estas resistencias en sus inicios, es decir si el domador reacciona con suficiente rapidez.

Un segundo tarde, perder el caballo de vista un segundo, y el caballo rebelde puede haber ganado la par-

Fijación: el caballo sigue los movimientos del domador.

Aquí se puede ver cómo el caballo debe emplear el posterior en la fijación.

tida y arrastrar cuerda y domador a lo largo de la pista. El paso adelante hacia la grupa sólo consigue hacer girar el caballo hacia el domador, mientras éste tenga toda la atención del caballo. Una vez que el caballo esté ocupado con sus propios asuntos, por ejemplo intentando cambiar de mano por su cuenta, toda reacción del hombre a la cuerda llegará tarde. El muy extendido dar cuerda sin objetivo y sin pensar, simplemente para mover un poco al caballo y sin prestar atención, lleva a este tipo de problemas.

Como en tantas otras cosas al tratar con caballos, también en el trabajo pie a tierra, en este caso el dar cuerda, existe una correlación entre la atención, la concentración que el domador presta al caballo y la atención que el caballo prestará al domador en cambio.

3.b El caballo cede con el anterior

Aun más que en la cesión del posterior, en este ejercicio el domador debe tener pulmón. Y es que deberá correr hacia un lado y otro.

De hecho este ejercicio es una pirueta (sobre los posteriores), y si se ejecuta con rapidez, un *spin** de la mano. Aunque en la ejecución más rápida hay diferencias en la forma de sujetar el ramal (véase el capítulo sobre Lecciones de *Reining*).

La posición corporal del domador es más difícil que en la cesión del posterior, y más que nada el punto donde se encuentra. Ya unas leves desviaciones de la posición ideal conducen en este ejercicio a reacciones indebidas o totalmente opuestas del caballo.

---

* Nota del editor: «spin», especie de pirueta muy rápida y repetida propia de la doma Western

El domador se halla a la altura de las espaldas del caballo, aproximadamente a un metro de distancia. En la posición exacta puede influir sobre la reacción del caballo. Si está demasiado hacia adelante, el caballo puede girar el cuello hacia fuera, y no ceder o apenas arrastrar sus anteriores. Si está demasiado hacia atrás, todo el caballo puede ceder hacia un lado.

Ahora el domador se mueve lateralmente –más o menos mirando un punto central entre la cabeza y las espaldas del caballo– hacia la parte frontal de la espalda del caballo (ilustración en pág. 66). Al hacerlo, la punta del pie más cercana al caballo se dirige hacia la parte posterior del casco de la mano interior. El ramal se mantiene holgado en la mano más cercana a la cabeza del caballo; con la otra mano, más próxima a la espalda del animal, hace girar el extremo del ramal, hasta llegar a tocar al caballo en las espaldas.

Ejemplo: El caballo debe ceder el anterior hacia la derecha. El domador se halla al lado izquierdo del caballo, mantiene el ramal con la mano izquierda y hace girar el extremo con la derecha

Autocorrección

En cuanto el caballo cede hacia la derecha, el domador debe seguirle, para poder lograr el giro entero –de 360 grados, por ejemplo–. Cuanto más rápido gire el caballo, mejor; pero también, tanto más deberá correr el domador, ya que en este tipo de cesión no se encuentra junto al eje, como en la cesión del posterior, sino que debe girar con las manos del caballo alrededor del eje posterior.

Mientras anda en círculo debe vigilar además su postura corporal, así como corregir su posición con relación a la espalda del caballo si es necesario: si se adelanta demasiado, ya no dirige las manos, y el caballo se limitará a doblar el cuello sin mover las manos. Si se atrasa demasiado, el caballo puede desplazar no sólo las manos, sino también los pies, e incluso intentar salir hacia adelante. Todos estos fallos no se pueden enmendar tirando del ramal, sino corrigiendo la propia posición.

Hacer ceder el tercio anterior: posición correcta o incorrecta del domador.

Correcto: dirección-objetivo la mano interior del caballo.

Demasiado adelantado: el caballo sólo aparta el cuello y sigue en su sitio.

Demasiado atrás: el caballo cede en toda su longitud, como sería correcto en una cesión lateral.

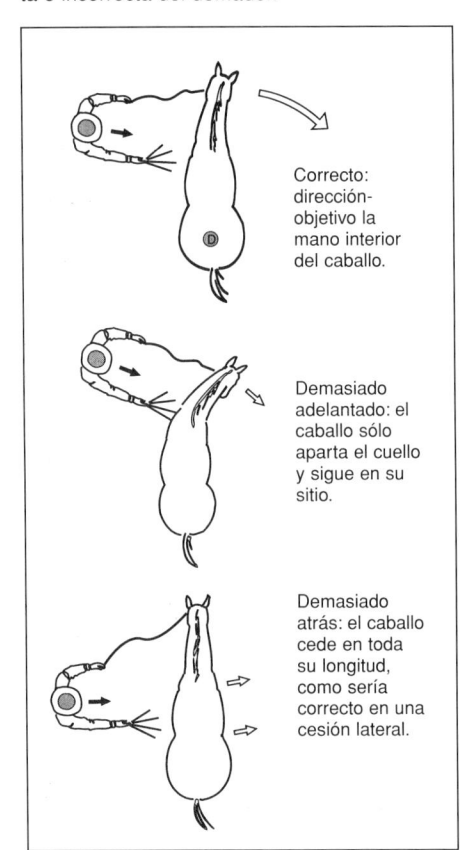

También hay que vigilar la longitud del ramal, ya que si reacciona bien, el caballo gira la cabeza lejos del domador en dirección al giro (como en el *spin* del caballo western, o la pirueta del caballo de doma) por lo que necesita suficiente juego del ramal. El ramal no se debe tensar cuando el caballo gire con mayor rapidez. Si se llega a tensar, se convierte en una ayuda contradictoria: hacer ceder con el anterior, y a la vez tirar la cabeza hacia uno.

Además de la posibilidad de entrenar una pirueta y más adelante un *spin* con el caballo sin montar, este ejercicio ofrece otras bases para el trabajo a la cuerda o en libertad en el picadero circular. Y es que forma parte del cambio de mano, que se compone de hacer ceder el posterior, hacer venir el caballo hacia el domador y, finalmente, hacer ceder los anteriores para volver a encaminar el caballo (véase Trabajo en el picadero circular/Cambio de mano).

En el siguiente párrafo nos dedicamos al trabajo lateral puro y la cesión a la pierna en dos pistas. Otros tipos de trabajo lateral se detallan en el capítulo sobre la Reunión.

3.c Hacer ceder el anterior y el posterior

Si ha leído detenidamente los párrafos anteriores sobre la cesión de la grupa o de los anteriores, tendrá básicamente claro cómo dirigir el caballo lateralmente: no dirigirnos únicamente al posterior o a la mano interior. Ahora el movimiento del domador así como el extremo de la cuerda que gira, se dirigen más sobre el centro del caballo: así cederá en toda su longitud.

Pero aquí nuevamente hay distinción en la posición del domador. Si se halla exactamente en el centro del caballo, éste cederá lateralmente en toda su longitud. Es decir, se mueve en un ángulo de 90° con su propio eje longitudinal. Este tipo de cesión será la más usada para quien quiera entrenar un caballo para la monta western de *trail* (véase el capítulo sobre Trabajo Avanzado).

Si el domador se halla algo más próximo a las espaldas, el caballo se alejará avanzando hacia adelante y lateralmente, en un ángulo de unos 45°. En este caso el anterior cede algo más que el posterior –esto corresponde en el trabajo montado a la cesión a la pierna, llamado *two track* (dos pistas) en la monta western.

En los movimientos laterales hay que vigilar que el caballo no doble demasiado el cuello. El eje longitudinal del caballo sólo debe incurvarse ligeramente. Al doblar el cuello demasiado, se dificulta el control sobre la dirección del movimiento. Además, en el movimiento de 45° elude entonces el cruzar los remos, si se escapa sobre las espaldas: las extremidades no se cruzan, sino siguen rectas. Para corregir que se salgan las espaldas, eventualmente se puede hacer vibrar el ramal, incitando el caballo a volver a enderezar el cuello. O se puede intentar pincharlo con el dedo, tocarle suavemente con el extremo de la cuerda, o con el puño de la fusta en el lateral de la cabeza. En un caballo ya bastante sensibilizado, bastará con insinuar estas ayudas, o con el dedo en dirección a la cabeza. Si esto no funciona, se puede corregir la colocación con riendas largas o con riendas de atar (véase el capítulo sobre Riendas Largas/Cuerda Doble).

Cesión del tercio anterior. Si el caballo reacciona bien, como aquí, no hace falta mover el extremo de la cuerda, manteniéndola como aquí se puede ver.

Quien se sienta más seguro con la fusta en estos ejercicios puede usarla en vez del extremo del ramal para estimular el posterior interior o la mano interior a cruzar con toques de la fusta.

No obstante, con ramal y sin riendas de atar, solamente se pueden ejecutar los movimientos laterales en que la colocación del caballo sea en dirección contraria a la que va, o vaya recto (comparable en el trabajo montado con la cesión a la pierna y espalda adentro así como los movimientos laterales a 90° en muchos obstáculos de *trail*).

El movimiento de tipo transversal con incurvación del caballo en la dirección en que va se puede entrenar más adelante con riendas largas.

Trabajo a distancia

Al aumentar la sensibilidad del caballo ante el lenguaje corporal del domador, éste podrá empezar a trabajar a cada vez más distancia del caballo. Sobre todo en situaciones que provocan miedo (véase el capítulo sobre Comportamiento de Huida) el trabajo a distancia resulta más eficaz que acercarse y limitar físicamente al caballo. Para jinetes de paseo este tipo de trabajo es de gran ayuda para salvar terrenos difíciles. Un campo de aplicación avanzado es la doma en libertad. Pero, de hecho, el dar cuerda normalmente también es trabajo a distancia.

Para entrenarse en el trabajo a distancia se puede hacer el siguiente ejercicio: enviar el caballo en círculo alrededor de uno mismo sin moverse del sitio.

Enviar el caballo en círculo alrededor de uno mismo

Para ello el domador se pone de frente al caballo. Ahora le envía hacia atrás con movimientos ondulantes del ramal o de la cuerda larga. Si el caballo debe ponerse en círculo hacia la derecha, el domador estira su brazo derecho hacia ese lado, con el ramal. Ahora se origina una presión lateral sobre la cabeza del caballo. El caballo ha aprendido a ceder ante la presión, por lo que girará el cuello y las espaldas hacia la derecha. Ahora con la mano izquierda, se puede hacer girar el extremo de la cuerda en dirección a la espalda derecha del caballo, o bien apuntar con una fusta. La espalda cede hacia la izquierda. Ahora el caballo muestra su costado. Acto seguido, la fusta o el extremo de la cuerda apunta sobre el centro del caballo y la mano derecha ejerce más presión sobre la cabeza: el caballo se pondrá en movimiento sobre el círculo hacia la derecha (véase ilustración).

Si, a continuación, debe describir una curva hacia la izquierda, el domador debe cambiar el ramal de mano. Ahora el brazo izquierdo del domador se estira hacia el lado y le indica el camino hacia la izquierda al caballo. La mano derecha maneja el extremo de la cuerda nuevamente en dirección a la espalda y después el centro del caballo.

Dirección-objetivo del domador en la «cesión a la pierna» (A) y en el movimiento lateral (B).
A no ser que el caballo se doble como en C y simplemente siga recto en la dirección X, se le puede volver a enderezar con un movimiento ondular de la cuerda en dirección a la cabeza.

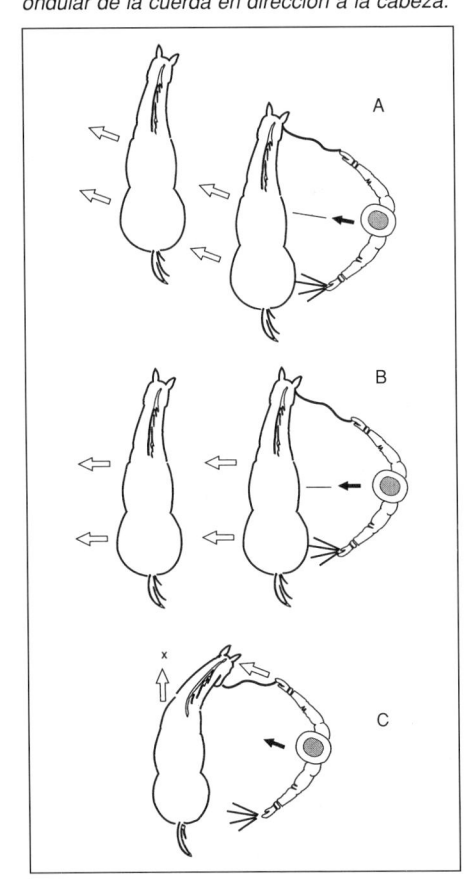

Práctica 71

Enviar el caballo en círculo alrededor del domador.

El domador no se mueve del sitio durante el ejercicio. Únicamente dirige con las manos y el extremo de la cuerda.

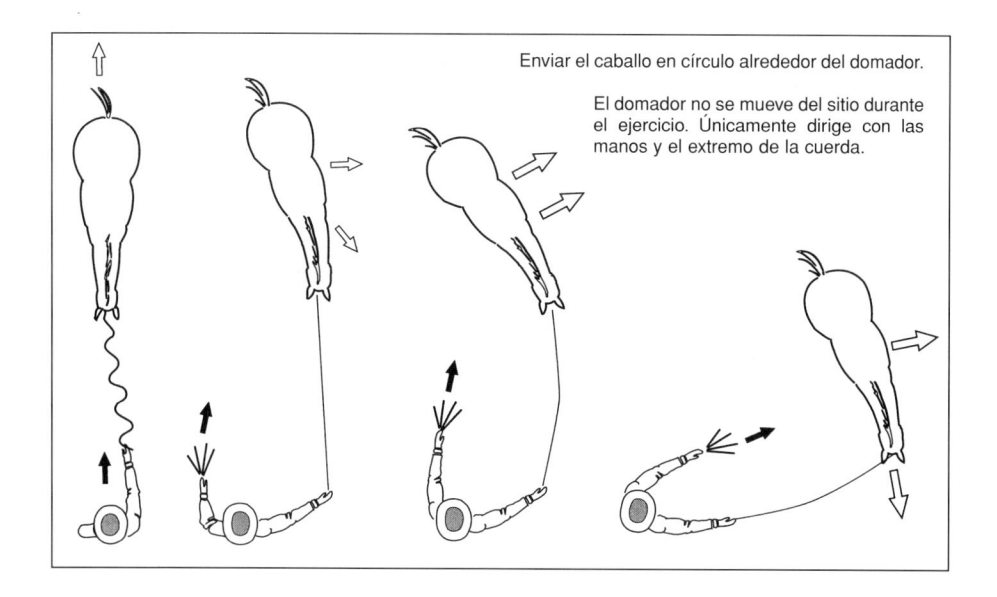

Flexibilización y obediencia a la cuerda

Después del entrenamiento de la dominancia, la flexibilización básica del potro mediante trabajo a la cuerda puede hacerse normalmente sin medios auxiliares (rendajes especiales). No obstante, una fusta o tralla suele ser útil para poder alcanzar al caballo siempre directamente.

Con este tipo de trabajo el caballo no se siente forzado y puede moverse con naturalidad. Ésta es una gran ventaja ante el tipo de trabajo tradicional a la cuerda que, a menudo, provoca tensiones. Aunque éstas suelen desvanecerse con el tiempo, muchas veces se pierde algo de la elegancia natural del caballo.

Pero si se trabaja el caballo a la cuerda con el método natural, igualmente hay que vigilar, como con el sistema clásico, que el caballo no hunda el dorso, que se incurve, remeta los posteriores, etc. La gran ventaja de dar cuerda sin riendas auxiliares es que el domador puede ver mucho antes si el caballo realmente se mueve sin tensiones. Al no ir forzado con riendas de atar o similares, el domador podrá observar mejor cualquier rigidez. El caballo «estrellero» no se ve forzado con la cabeza contra el pecho y puede mirar las estrellas hasta que el domador llama su atención. Aquí está el punto de partida, de cómo se puede invitar al caballo a flexionar y a estirarse: hay que tener toda su atención. Si se tiene su atención, el caballo mismo mira hacia el centro, y espera a ver qué quiere el domador. Con ello ya se ha logrado la colocación correcta del caballo. La flexión viene entonces casi automáticamente. Se puede reforzar, si se le manda disminuir y agrandar el círculo –sobre todo durante el círculo pequeño, empujándolo un poco desde atrás, sin forzar, con la fusta, tralla o el extremo

El caballo no está atento, no tiene interés, como demuestra mirando el paisaje.

El caballo observa al domador en el centro. Está atento.

de la cuerda–. Se verá en seguida cómo el caballo se estira hacia abajo cuando vuelve sobre el círculo grande: se relaja por sí solo después del trabajo intenso sobre el círculo pequeño. Éste es el efecto deseado en el trabajo sin medios auxiliares: el caballo mismo se da cuenta que el estirarse es cómodo. El efecto de enseñanza para el caballo resulta mucho mejor de esta manera que todo lo que pueda aprender forzado por unas riendas de atar u otros artilugios artificiales.

Los caballos que durante el trabajo en círculo prefieren ignorarlo todo y mirar hacia fuera, muchas veces aún no respetan lo suficiente al domador. Mediante el entrenamiento de la dominancia hay que hacerles más pendientes del domador. En este caso, cada vez que el caballo gira la cabeza hacia fuera sin mostrar interés alguno se le da un tironcito con la cuerda hacia dentro, hasta que mira hacia ese lado –y se deja de molestarle, hasta que vuelva a girar la cabeza hacia fuera–. Si el caballo intenta venir hacia dentro se recurre a la tralla y se apunta a las espaldas o el cuello del caballo. De este modo se le vuelve a mandar sobre la trayectoria del círculo. Esto se repite hasta que el caballo siga atento mirándonos. A veces puede ser cuestión de paciencia hasta lograr la actitud deseada del caballo. Pero vale la pena, ya que es un paso adelante en el logro de su obediencia voluntaria. Cualquier pequeño logro debe premiarse ampliamente con la voz.

Atención y obediencia como base del trabajo

Con una cabezada de cuadra hay pocas posibilidades de sujetar al caballo de alguna manera, si no quiere. Cuando se tienen problemas con un caballo –si no se trabaja en un picadero circular– que intenta eludir el trabajo en círculo saliéndose hacia fuera, siempre existe la posibilidad de pararlo dando un paso en dirección a la grupa. En los ejercicios anteriores el caballo ha aprendido a ceder con el posterior. Al dirigirnos hacia su posterior, éste debe ceder hacia fuera –el caballo nos mira, y se para–. Este gesto se puede reforzar con la voz, con un «oooooh» o «altooo» alargado. Aunque la ayuda de la voz no debe ser necesaria, si el caballo responde bien ante las señales corporales del domador. Sólo hay que reconocer a tiempo el inicio de la resistencia. Una vez que el caballo haya girado el cuello desde las espaldas y mira hacia fuera, sin prestar atención al domador, ya poco se puede hacer; el caballo ya no ve las señales corporales del domador.

Los cambios de aires y de tiempos a la cuerda, que se pueden anunciar con ayudas de voz, ayudan a flexionar. Se pueden hacer exactamente igual sin riendas artificiales.

Básico para el trabajo a la cuerda es que en todo momento se pueda parar al caballo, que pueda ir en círculo más grande o más pequeño sin resistencia, y que salga a paso y trote a la orden desde la parada. Estos ejercicios, por muy sencillos que parezcan, exigen ante todo la atención y obediencia del caballo y forman la base para poder hacer ejercicios más difíciles a la cuerda sin resistencias.

Trabajo al paso

Lucien Gruss, famoso domador francés de caballos de circo y exhibición, considera estos ejercicios, sobre todo al paso, la parte más importante de su trabajo. Y es que sólo un caballo que no se resista desde la base puede colaborar con atención en ejercicios más difíciles. El trabajo al paso no suele ser aburrido si se hace bien —es decir, con vistas a eliminar resistencias que puedan quedar en caballos problemáticos—. Para el principiante en el trabajo pie a tierra es de suma importancia, ya que al paso el caballo no puede eludir un ejercicio

Parar a la cuerda:
Un paso hacia el posterior.
El caballo remete los posteriores al frenar....
... y cede la grupa hacia fuera.

tan de repente con una acción relámpago. Sus movimientos son más lentos y por consiguiente más fáciles de reconocer y de corregir para el domador que aún no tenga mucho reflejo.

74 *Práctica*

Además, al paso, el caballo tiene menos razones para poner resistencia: al paso no tiene problemas de equilibrio. Se puede flexionar con más facilidad. Puede parar sin problemas.

Si el caballo se rebela al paso, es muy probable que en los otros aires dé el doble de problemas. Por lógica pues, hay que arreglar primero el trabajo al paso.

Cambio de mano sencillo a la cuerda: Parar el caballo, traerlo hacia el centro... dejarlo pasar de largo... y enviarlo a alejarse de nuevo en la dirección contraria.

Muchos libros clásicos prohíben el hacer venir el caballo hacia uno en el trabajo a la cuerda, ya que el caballo aprendería a venir hacia el centro cuando le apetezca. Pero con el entrenamiento de la dominancia, el caballo que ya ha aprendido a venir hacia el domador, también ha aprendido a alejarse de nuevo a la orden, de modo que se puede hacer perfectamente durante el trabajo a la cuerda. El domador puede permanecer en su sitio con la conciencia tranquila.

Se puede hacer venir el caballo hacia el centro para cambiar de mano (véase también el Trabajo en el picadero circular), o para premiarlo. Desde luego el caballo debe saber perfectamente cuándo debe venir y cuándo no. El domador debe saber aplicar su lenguaje corporal, si es necesario con ayuda de la fusta, de manera que el caballo comprenda la diferencia entre cuándo debe parar sobre la línea del círculo y esperar y cuándo debe venir hacia el centro. Un toque con la tralla en dirección a las espaldas o la cabeza, cuando de repente intenta entrar en el círculo y venir hacia el centro, o un paso amenazador hacia sus espaldas, le harán cambiar de idea rápidamente. Muchas veces ya es suficiente levantar un brazo en dirección a sus espaldas.

Hay que enseñar al caballo de modo que sólo venga hacia el centro, cuando el domador le invita a hacerlo, dando unos pasos hacia atrás (véase Trabajo Avanzado).

Reducir el círculo

Para reducir el diámetro del círculo, se inicia una vuelta en la cual el domador se dirige *lentamente* hacia la grupa del caballo, acortando la cuerda (para parar el caballo, se encamina con un paso rápido y abrupto hacia la grupa). Con ello ésta cede ligeramente hacia fuera. Por consiguiente el caballo entra las espaldas. Así el caballo no suele resistirse con las espaldas, aunque muchos podrían hacerlo para eludir la flexión desagradable. Con un par de pasos se ha reducido el diámetro del círculo considerablemente, sin tener que tirar del caballo hacia dentro.

El galope en firme
Sobre todo los potros, y los caballos que sean más rígidos de un lado, tienden a salir a galope en trocado a la cuerda. Aparte de que hay que corregir al caballo en seguida, volviéndolo al paso o trote y haciéndole salir al galope en firme, hay que aprovechar la ocasión para dificultarle, de entrada, el salir a galope en trocado.

Para la salida a galope se coloca el caballo ligeramente más hacia el interior mediante la cuerda y, justo un momento antes, se vuelve a aflojar cuando se da la orden de galope. En este momento el caballo puede colocar el cuello y la cabeza ligeramente hacia fuera, con lo cual las espaldas quedan libres y puede partir a galope con la mano interior. Con este sistema los jinetes de western enseñan a sus potros –con una ligera colocación hacia el exterior.

También es útil hacer que el caballo salga al galope desde el paso. De este modo no puede salir precipitado y no puede precipitarse tanto que tenga problemas de equilibrio en el círculo.

Cuando se corrige un caballo con riendas de atar (véase también el Trabajo Avanzado), se ajusta la rienda interior a un nivel más alto (no más corto), para facilitar la salida a galope en firme. De esta manera también se libera la espalda.

Alargar
Recoger
Para aumentar el ritmo de un aire determinado, se apunta con la tralla justo detrás del posterior del caballo. (Al dirigirnos hacia la grupa, ésta cede.)

Al aumentar la velocidad el caballo no debe perder el ritmo, es decir, la secuencia del aire, y no debe levantar los pies con mayor rapidez. Al contrario, debe aumentar su amplitud –es decir ampliar la longitud de sus trancos, con el mismo ritmo–. Por eso, para conseguir un alargamiento, no hay que atosigar demasiado al caballo con la tralla. Si el caballo se ha sensibilizado ante las ayudas mediante el entrenamiento de la dominancia, esto no será necesario. Más bien será suficiente animarlo con la voz. Si el caballo no responde bien y no alarga, como corrección se puede reducir el círculo, con lo cual se le reúne algo, y a continuación volver a mandarlo sobre el círculo grande. Tras la reunión el caballo se alegra si puede volver a relajarse en un movimiento con más amplitud, por lo que amplía por sí solo.

Para reducir la velocidad del caballo el domador dará un paso adelante en dirección a un punto por delante de la cabeza del caballo. El movimiento debe ser lento y bien dosificado. Si el domador llega a ponerse delante del caballo, no afloja la marcha, sino que se para. (Esta forma de pararlo desde delante se emplea para el *roll back* –véase el capítulo sobre Lecciones de Reining.)

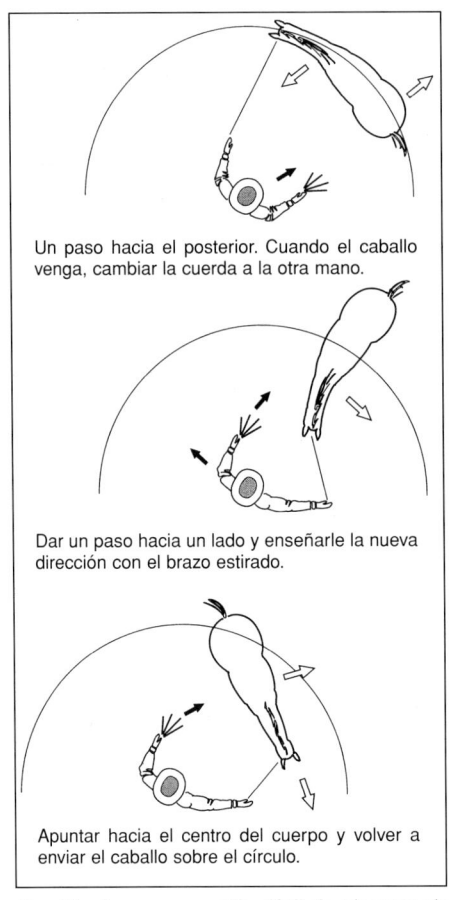

Un paso hacia el posterior. Cuando el caballo venga, cambiar la cuerda a la otra mano.

Dar un paso hacia un lado y enseñarle la nueva dirección con el brazo estirado.

Apuntar hacia el centro del cuerpo y volver a enviar el caballo sobre el círculo.

Cambio de mano sencillo, fácil de ejecutar sin medios auxiliares.

Con un caballo suficientemente sensibilizado, el domador sólo cambia su posición lo justo para poder apuntar con la mano que sujeta la cuerda por delante de la nariz del caballo. Al levantar este brazo, frena el caballo. Para reforzar la ayuda del brazo, se puede mover la tralla por delante de la nariz del caballo. Pero para ello hay que cruzar la mano con la tralla sobre la otra que sujeta la cuerda. Ya que esto sólo conlleva que el hilo de la tralla se enrede con la cuerda, es mejor cambiar la cuerda y la tralla de mano rápidamente. Para ello se hace pasar la tralla por debajo de la cuerda.

El trabajo en el picadero circular
Cambio de mano

Como preparación de la doma en libertad y para variar un poco el trabajo a la cuerda ordinario, quien desee hacer más trabajo pie a tierra y perfeccionar la reacción del caballo ante su lenguaje corporal, puede hacerlo en un picadero circular u otra construcción igualmente redonda y cerrada.

Como medios auxiliares bastarán nuevamente la cabezada de cuadra y, al principio, una cuerda larga, redonda y con peso. Es importante que el domador permanezca absolutamente quieto en el centro mientras no espera ninguna reacción por parte del caballo, y que se mueva únicamente cuando desea dar una orden al caballo –y aun así, lo mínimo posible–. Aquí de nuevo sirve el lema: «tanto como sea necesario, lo mínimo posible». La costumbre de andar con el caballo en un círculo pequeño en el centro debe evitarse, ya que cualquier movimiento del domador es y debe ser una señal para el caballo. Con tanto movimiento innecesario y sin sentido el caballo se aburre. Entonces ya no reacciona suficientemente ante los movimientos intencionados. Es comparable con la insensibilidad del caballo creada por unos talones que le golpean a cada tranco.

Se comienza dando cuerda al caballo a paso y trote. Para ello se le envía sobre el círculo, en una curva desde el centro. El brazo con la cuerda indica la dirección al caballo, la otra mano puede girar el extremo de la cuerda, para reforzar la orden. Supongamos que el caballo trota a mano derecha en el picadero circular. Si el domador lo quiere hacer parar dará un paso de lado hacia la izquierda, en dirección al posterior del caballo. Si el caballo ha aprendido bien el ejercicio previo de cesión del posterior, entonces incluso a esta distancia cederá la grupa hacia fuera, y se quedará mirando al domador (véase las ilustraciones). Ahora puede cambiar de mano: el domador llama al caballo unos metros hacia sí, al ejercer presión sobre la cuerda. Con vistas a poder llegar a trabajar sin la cuerda, y mucho más claro para el caballo, es mejor retroceder unos pasos. Si se trabaja con fusta o tralla en vez del extremo de la cuerda, entonces ésta debe quedar detrás del domador al llamar al caballo hacia sí. Lo mejor es poner la tralla bajo el brazo. Ahora se cambia la cuerda de mano y con el brazo izquierdo estirado le enseña la nueva dirección al caballo, en todo caso ejerciendo una ligera tensión sobre la cuerda en esa dirección. En el momento en que el caballo se gira en la dirección deseada, el domador puede hacer girar el extremo de la cuerda con la mano derecha, apuntándolo hacia la espalda izquierda del caballo. Ahora se moverá a mano izquierda alrededor del domador. Haciendo girar el extremo de la cuerda (o con la tralla) el domador apunta ahora hacia el centro del caballo, para que se aleje más y se ponga sobre el círculo. Ahora el caballo habrá cambiado de mano. Con la práctica esto podrá llegar a hacerse al trote y, finalmente, al galope, en un movimiento fluido. Con el cambio de mano incluso se puede llegar a enseñar el cambio de pie en el aire.

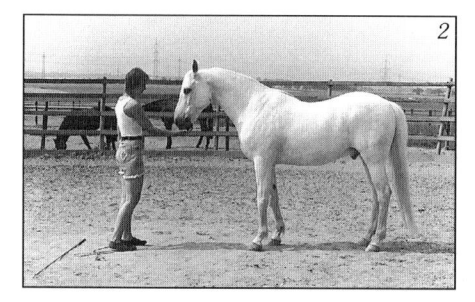

Trabajo en el picadero circular.
Hacer venir al caballo... (1 + 2)
... y enviarlo de nuevo (3).

Para hacer el cambio de mano más fluido, el domador a la larga ya no trae al caballo hacia el centro tras hacerle ceder el posterior, sino que dará un paso de lado en el centro del círculo y, con el brazo estirado, hará pasar al caballo por delante de sí. De esta manera se obtiene mayor y más rápido control sobre los anteriores del caballo, que ya durante el cambio de mano se empuja hacia el exterior en la nueva dirección.

Si se tiene la sensación de que el caballo reacciona seguro y obediente ante nuestras señales corporales, pronto deberá funcionar igual sin el uso de la cuerda y se habrá puesto así la primera piedra para la doma en libertad.

RESOLVER PROBLEMAS

Reconocer fallos graves en el movimiento del caballo suele ser fácil hasta para los inexpertos. Pero con las cosas más refinadas –como tensiones en ciertas partes del dorso o del cuello– ya es más difícil. Además se añade la dificultad de que muchos problemas se manifiestan lejos del punto de origen. A continuación quisiera exponer algunos problemas frecuentes del movimiento, y sus posibles causas.

1. El posterior arrastra –el caballo arrastra los pies por el suelo– falta elasticidad en los corvejones

Esta irregularidad del movimiento suele hallar su origen en alguna parte del dorso. Los anteriores se mueven con elasticidad, pero los posteriores con rigidez. Donde se interrumpe el movimiento de muelle hacia arriba y abajo del dorso, suele estar el punto dolido. Si se palpa el dorso con cierta presión, al llegar a este punto el caballo se molesta o hunde el dorso.

Pero también es posible que sean los corvejones, que tengan falta de elasticidad debido a una dolencia o a un entrenamiento erróneo, por ejemplo falta de trabajo. Esto se ve cuando se intenta hacer girar al caballo: no remete más el posterior interior (como mínimo en la huella de la mano), sino que pisa lejos atrás, o saca la grupa afuera.

2. El caballo invierte el cuello levanta la cabeza y, muchas veces, incluso la tuerce

El problema suele estar en el dorso y/o las espaldas. Si el dorso sigue moviéndose con soltura a pesar de andar con el cuello invertido, el problema estará mayormente en las espaldas, quizás algo rectas, y por consiguiente ofreciendo poca movilidad. También una dificultad a la altura de la mandíbula inferior puede causar que el caballo vaya con el cuello invertido. Naturalmente en un caballo que mira las estrellas también puede tratarse simplemente de un caballo nervioso, que se halla siempre en alerta y por ello lleva la cabeza levantada.

3. El caballo se muestra irregular en el movimiento

Estas irregularidades pueden originarse en el dorso, la cadera, las espaldas, o por dolor en cualquier articulación de las extremidades. Pero también es posible que el caballo esté tan aburrido e indiferente que se arrastra de manera irregular, o tan alocado que se precipita.

Si las irregularidades de la secuencia sólo se observan en un aire determinado, es probable que se trate de un problema de coordinación en el mismo. Con un aumento progresivo y cuidadoso de las exigencias, se podrá mejorar el aire. No es extraño que un caballo tenga problemas de coordinación debido a su conformación. Los ponies pesados y caballos pequeños, por ejemplo, a menudo tienen problemas con el galope.

Si el caballo mejora con el movimiento puede tratarse de una enfermedad del aparato locomotor o la edad (p. ej. artrosis). También puede tener simplemente agujetas; en tal caso los síntomas deben desaparecer a los pocos días.

4. El caballo mira hacia fuera –no se incurva

Esto puede ser debido a una rigidez de la espalda, el cuello o el dorso, pero también a un total desinterés del caballo hacia la persona del domador –mira adrede hacia el otro lado– no le interesa la persona que está en el centro y no quiere saber nada con él.

5. Los anteriores se muestran más rígidos que los posteriores

Esto se origina en especial por una rigidez de la espalda. La rigidez de la espalda a su vez puede tener varias causas: puede ser causada por una doma errónea, por ejemplo cuando el caballo no se ha trabajado bien, y sólo se ha montado en línea recta en el campo. O la espalda es muy recta de conformación y tiene poca movilidad de por sí. Esto implica que el caballo difícilmente puede remeter el posterior con flexibilidad, y con los anteriores no puede amortiguar el impulso del posterior. Cuanto más se consiga que vaya erguido el caballo, más libertad ganarán las espaldas rectas.

La tercera causa es nuevamente una posible enfermedad. Esta causa es la más probable cuando empeora un movimiento hasta entonces correcto.

6. El caballo baja la cabeza, mueve la cola, mueve la cabeza enfadado o golpea con una mano

El caballo muestra claro descontento. Su descontento puede hallar

Un caballo atento (concentrado en los pasos atrás).

su origen en un manejo incorrecto por parte del domador. También puede ser debido a una lucha por el poder no aclarada entre caballo y domador. A menudo ambas cosas son la causa cuando ocurren con frecuencia, o sólo durante el trabajo. Si se observa el caballo suelto en el campo o durante la comida y se muestra igualmente descontento como cuando trabaja, entonces hay que buscar la causa en otra dirección. Puede haber muchos factores que hagan que el caballo no se encuentre bien. Los caballos, igual que las personas, pueden ser sensibles ante cambios del tiempo, sufrir dolor de cabeza, o simplemente no encontrarse bien y demostrarlo claramente. Un malestar duradero también puede tener su causa en una enfermedad oculta o en un manejo inadecuado que no le permiten satisfacer sus necesidades naturales.

7. En ciertos movimientos el caballo gira los ojos, pone las orejas hacia atrás, o abre la boca y enseña los dientes

Las orejas atrás y enseñar los dientes en este caso no tiene nada que ver con agresividad hacia el domador. Son más bien claras señales de dolor y malestar. La expresión agresiva se dirige contra el dolor en el propio cuerpo. Se debe analizar el movimiento durante el cual se observan los síntomas. Quizá guarda relación con una lesión antigua. Pero también es posible que el caballo tenga miedo ante un movimiento determinado, quizá porque siempre fue molestado por un jinete mal sentado. Un caballo sensible puede resistirse a partir al galope si sabe que esto implica acto seguido sentir un «saco de patatas» golpeando su dorso. Se pone tenso ante el miedo y estas tensiones causan un dolor real.

8. El caballo se bota

Este síntoma es originado muchas veces de la misma manera que los del punto 7. Un caballo con mucha personalidad no se conforma con una expresión dolorida, sino que intenta quitarse el dolor de encima botándose.

No se puede comparar con los botes en libertad del caballo, cuando simplemente se desahoga. Al botarse en libertad el movimiento es lleno de fuerza, explosivo, fluido, y no entrecortado. Si el caballo se bota como expresión de dolor, su movimiento es más cortado. Además se puede distinguir entre un bote sano y un bote tenso de dolor observando la expresión de la cara descrita en el punto 7.

9. El caballo tropieza continuamente

La causa puede hallarse en la falta de temperamento del caballo (linfático), o en la rigidez o una lesión de los anteriores o las espaldas. Si el fenómeno se da en un movimiento forzado, entonces suele ser lo primero y se puede corregir al caballo en seguida haciéndolo despertar.

10. El caballo levanta la cara y el cuello por encima del nivel del dorso

Señal de susto o miedo, pero a veces también de resistencia contra el domador: muchos caballos son excelentes actores y camuflan su resistencia con el comportamiento miedoso y nervioso, por ejemplo en el intento de escaparse.

11. Debilidad en el posterior

Esto puede reflejar un sobreesfuerzo del posterior cuando el problema surge de repente. Pero quizás es una dificultad de coordinación morfológica. Éste suele ser el caso cuando el caballo siempre flaquea de la misma manera con los posteriores. En el primer caso se puede conseguir una mejoría disminuyendo las exigencias. En el segundo, se podrá lograr una mejoría con un trabajo cuidadoso y prolongado.

12. Debilidad en los anteriores (espaldas sueltas)

El caballo no está fijado en las espaldas y no remete los posteriores bajo su punto de gravedad. Se deja caer fácilmente sobre los anteriores –que se cargan en demasía–. Este fenómeno suele ocurrir en combinación con un cuello largo, de inserción baja, que el caballo suele llevar muy bajo. Sobre todo, el trote será mal coordinado y la secuencia irregular. Al elevar más el cuello y todo el caballo, las espaldas ganan libertad y se puede mejorar el movimiento.

Antes de dar pasos atrás en el picadero circular: el caballo espera una orden.

Pasos atrás: el caballo muestra resistencia en el cuello y las espaldas.

13. El caballo no tiene movimiento en el dorso (muelle) a pesar de un movimiento regular

El caballo mantiene el dorso tenso, no puede desarrollar flexibilidad (muelle) y anda completamente liso y falto de expresión. Este problema muchas veces es originado por una monta con excesivo uso de las riendas. También un miedo permanente puede influir en que el caballo mantenga el dorso rígido. El caballo difícilmente puede incurvarse; pasa las esquinas y los círculos como una tabla.

14. Clara resistencia ante los pasos atrás

Los posteriores se abren hacia atrás, las manos se arrastran sobre el suelo. O el caballo invierte el cuello, levanta la cabeza e intenta escaparse hacia un lado. Aquí se trata de alguna rigidez en el dorso, las espaldas, las caderas o los corvejones. El caballo se resiste a remeter los posteriores para retroceder.

También puede tratarse de una resistencia psíquica, en la que el caballo se opone a ceder, es decir a dar un paso atrás. Además puede tratarse de una falta de confianza en el domador ya que el caballo no puede ver por detrás, por lo que debe confiar plenamente en éste, y puede llegar a temer que no le envíe hacia atrás por un barranco.

En general, hay que dar mucha importancia a los pasos atrás; son un medidor de la soltura y de la obediencia del caballo –aquí es donde mejor se verá cualquier rigidez o resistencia tanto física como psíquica.

Los problemas son síntomas

Los problemas que surgen en el manejo del caballo son síntomas, como se desprende de las descripciones arriba indicadas, de un malestar físico o psíquico del caballo o de una dificultad, de un fallo en la relación persona-caballo o incluso de un mal manejo por parte de la persona. En caso de un síntoma de enfermedad no tiene sentido combatirlo –por ejemplo con medios auxiliares, a la fuerza– cuando se desconoce la causa del malestar. Se trata, ante todo, de averiguar la causa de la enfermedad, el origen del problema.

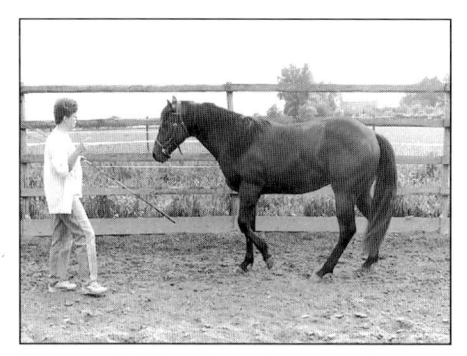

Pasos atrás bien ejecutados, con soltura. En vez de la fusta también se puede usar un trozo de cuerda.

Aquí la fusta refuerza el lenguaje corporal, sin tocar al caballo.

Como ejemplo nombraremos sólo el caso frecuente del caballo forzado con riendas auxiliares. No aprende a llevarse a sí mismo libremente, ya que siempre tiene la posibilidad de apoyarse de alguna manera en las riendas auxiliares y, más tarde, en la mano del jinete.

Síntoma: el caballo no va equilibrado, sino con rigidez, y al trabajarlo a la cuerda invierte el cuello y hunde el dorso, etc.

Causa: mala aplicación de las riendas auxiliares.

Generalmente, el síntoma suele combatirse nuevamente con riendas auxiliares ya que no se reconoce la causa, y también porque muchos jinetes tienen en mente una imagen ideal errónea de la forma exterior que debe adoptar el caballo, en seguida y a la fuerza.

Resultado: empeoramiento del problema al «medicar» el síntoma en vez de la causa.

Remediarlo requiere un poco de paciencia, al pedir la atención del caballo sin riendas auxiliares con un lenguaje corporal diferenciado y darle así la oportunidad de descubrir por sí mismo que se puede estirar, y que el estirarse es mucho más cómodo que la postura forzada que se le había enseñado.

Búsqueda de la causa

¿Cómo se puede buscar la causa?

Se puede determinar la causa

1. La mayoría de las veces observando el comportamiento del caballo

- Si el problema sólo surge en circunstancias determinadas (como el tipo de suelo, el tiempo).
- Ante exigencias específicas (quizá demasiadas o erróneas).
- Sólo con personas determinadas que manejan al caballo (antipatía, o manejo erróneo o inadecuado de la persona en cuestión).
- Sólo en situaciones determinadas que se repiten (sólo en la pista, sólo de concurso, sólo en el campo, etc.)
- ¿El caballo se encuentra bien? ¿Se muestra descontento?
- ¿Tiene miedo o simplemente se rebela?

- ¿Muestra interés en el trabajo y el domador o está más interesado en lo que le rodea y los demás caballos?

2. Buscando en el exterior del caballo

- ¿Tiene dificultades morfológicas? Como:
- Un cuello demasiado corto, mandíbulas demasiado pesadas, un dorso débil, la grupa más alta, etc.
- ¿Se pone tenso el caballo? En caso afirmativo, ¿qué partes del cuerpo primero?
- ¿La musculatura, en alguna parte del cuerpo, muestra falta de desarrollo?
- ¿El caballo no ve o no oye bien?

3. Buscando en el pasado del caballo

- ¿El problema puede derivar de un daño antiguo físico o psíquico o algún trauma vivido por el caballo?
- ¿Una vieja lesión puede hacer que un movimiento sea doloroso? (El pasado no siempre se puede reconstruir, ya que no se conocen todos los dueños anteriores del caballo. Pero la investigación es útil en caso de un caballo problemático. Por ejemplo, el saber que su miedo de los tractores resulta de un accidente sufrido en el pasado con un tractor aclara el comportamiento del caballo, lo que facilita las cosas al domador.)

4. Buscando en nuestro propio comportamiento

- ¿He exigido demasiado del caballo, o demasiado poco, le he aburrido?
- ¿Está clara la jerarquía? ¿Tengo toda la atención del caballo?
- ¿Son claras mis órdenes y señales?
- ¿Molesto o irrito al caballo inconscientemente de alguna manera?
- ¿Soy una persona nerviosa y me enfado? ¿Puede ser que el caballo me irrite y que pierda mi buen humor?
- ¿Me pongo tenso, todo o parte de mi cuerpo? (Como ya se ha advertido, esto también resulta muy importante en el trabajo pie a tierra.)

Con base en esta lista de comprobaciones expuestas se pueden analizar los problemas.

Lo más importante son los puntos 1 y 4. Suponemos pues que la persona ha aprendido a ver (véase el capítulo correspondiente) y sabe juzgarse a sí misma, o al menos está en disposición de aceptar que otros le indiquen sus fallos.

Unas palabras sobre nuestros fallos

Aquí se imponen unas observaciones sobre los fallos que todo domador/jinete puede cometer –por muy bueno que sea–, ya que no siempre se puede tratar a cada situación y cada caballo por igual. Tales fallos no se deben esconder por vergüenza ni por miedo a dañar su prestigio. Una vez reconocidos los fallos propios, más bien deben integrarse en la «base de datos» modelo para evitarlos en situaciones similares en el futuro. Como en todo, aquí sirve una frase que suena trivial: «De los fallos se aprende». Quien no comete fallos tampoco aprende a manejar el caballo mejor: a veces, el domador debe revisar su actitud con respecto a sus propios fallos de acuerdo con estas indicaciones.

Si se tiene una actitud relajada con respecto a los fallos propios (también una forma de seguridad en sí mismo y por consiguiente autoridad) se tendrá menos reparo para buscar la causa de cualquier problema con el caballo en el comportamiento propio. Entonces se resolverá la mayoría de las veces.

Resumiendo, damos unos consejos prácticos específicos:

Problemas y resistencias por falta de imponer autoridad

Si la persona, al analizar los problemas, es sincera, quizá habrá descubierto que no ha tratado a su caballo consecuentemente, y que es por eso que su caballo no le respeta. El principio de autoridad no ha quedado establecido. Cuánto más tiempo el caballo haya «tomado el pelo» a su jinete más difícil será corregir sus resistencias, originadas por la falta de autoridad. Según las circunstancias puede convertirse en una auténtica lucha por el poder.

Además, muchas veces, el hombre debe calcular hasta qué punto puede provocar al caballo. Debe saber hasta qué punto podrá con las reacciones a esperar y cuándo no –ya que es de suponer que el caballo vuelva a ganar de nuevo la disputa.

Hay que preguntarse, primero, si se tiene suficiente dominio del lenguaje corporal, reflejos y seguridad en sí

Tras una pequeña explicación: el caballo se encuentra en posición de alerta

mismo como para atreverse con la corrección de un caballo. Si no es así, hay que dejar la corrección de base a otra persona experimentada, antes de empezar a trabajar con el caballo con la ayuda de aquélla.

Antes de comenzar la corrección de determinados comportamientos indeseados del caballo, desde luego tiene que estar resuelto el entrenamiento de la dominancia. Se debe poder controlar absolutamente el anterior y el posterior del caballo, y éste debe aceptar al domador. Muchas veces desaparecen entonces otros vicios indeseables por sí solos. Como mínimo, el caballo se ha vuelto más controlable con el entrenamiento de la dominancia y sus reacciones son más previsibles para el domador.

Una situación frecuente:

El caballo no se deja dar cuerda: se cambia de mano cuando le apetece, ignora a la persona que está en el centro mirando hacia fuera y, en el peor de los casos, le pasa por encima si le da la vena de venirse al centro. ¿Qué se puede hacer además de los ejercicios básicos de hacer ceder hacia atrás, hacia adelante y hacia un lado?

Primero repase mentalmente el comportamiento indeseado habitual del caballo a la cuerda y hágase un planteamiento modelo de cómo reaccionar en cada caso: si el caballo hace esto, yo reacciono así... si hace lo otro, yo reacciono de esta otra manera....

El énfasis está en la imagen modelo, ya que esa imagen se recupera con más rapidez que los movimientos y acciones que se han de componer para una reacción adecuada. Hay que analizar los movimientos aislados necesarios, y juntarlos en un movimiento conjunto (síntesis), así se podrá visualizar el comportamiento propio deseado como una imagen conjunta.

En detalle:

Si el caballo pretende cambiar de mano por su cuenta, lo avisa: afloja la marcha y entra las espaldas. Este momento se ha de reconocer. Si se da cuerda con la tralla, cosa aconsejable con un caballo rebelde, se apunta con la tralla a la espalda del caballo y se levanta el brazo, en el momento en que intenta girarse hacia dentro. (El levantar y señalar con el brazo, así como el apuntar con la tralla, puede reemplazar el movimiento del domador en dirección al caballo cuando se ha terminado el entrenamiento de dominancia.) Si el caballo no reacciona, se refuerza la ayuda tocando al caballo con la tralla en la espalda (¡practicar antes el toque dirigido con la tralla!). Ambas medidas según las circunstancias, se deben seguir muy rápidamente. Una vez que el caballo se ha girado ya no se le puede parar con esto. Entonces sólo se puede intentar todavía dando un paso hacia adelante y de lado (¡de ninguna manera hacia atrás!) para volver a estar lateralmente ante la espalda del caballo y volver a controlarla, es decir, poder empujar la espalda hacia fuera con la tralla o el extremo de la cuerda.

Hay que tener esta posibilidad preparada en mente para poder reaccionar con suficiente rapidez cuando ya no se puede evitar que el caballo venga hacia dentro.

No provocar

En teoría (según las reglas del entrenamiento de la dominancia) la persona también puede encaminarse

El caballo es dirigido marcha atrás sobre el puente.

El caballo cede hacia arriba, esta actitud se puede desarrollar hasta convertirla en truco.

con fuerza hacia el caballo, cuando éste viene a por él. Pero esto es una manera muy provocativa de obligar al caballo a la retirada sobre la línea del círculo: es pedirle, a pesar de la desobediencia ya mostrada (al venirse al centro del círculo sin pedírselo), que ceda obedientemente hacia atrás. Sobre todo ante un caballo entero esto puede ser peligroso.

El paso hacia-adelante-y-hacia-un-lado es menos provocativo para el caballo y reaccionará con menos ganas de pelea. Además, todavía se puede hacer cuando el caballo ya se ha acercado mucho. Si el caballo no cede lateralmente, se le deja pasar por delante, pero se le vuelve a mandar sobre el círculo a la misma mano. De este modo se le habrá distraído –ha vuelto a cambiar sus propias iniciativas en la dirección deseada por nosotros–. Vuelve a encontrarse, sin haber sido castigado ni provocado, donde debe. Tras varias de estas maniobras de distracción, comprenderá lo inútil que es su actitud y se quedará sobre el círculo.

El brazo que debe enviar el caballo de nuevo lateralmente hacia el exterior se estira y se eleva hacia adelante y hacia arriba. Uno o varios dedos de la mano deben estirarse, para reforzar el gesto con tensión en el brazo.

El caballo se incurva hacia fuera

Si, al darle cuerda, el caballo mira descaradamente hacia fuera, hay que «molestarlo», con un breve tirón de la cuerda hacia dentro. No tirar de él, sino dar un tirón repentino sobre la nariz; ya que no debe venir hacia dentro sino prestar atención a la persona que está en el centro. Si intenta venir hacia dentro (muchos caballos se las componen para venir hacia el centro, mirando hacia fuera, cayendo sobre la espalda interior cuando se le llama la atención de la manera descrita), se apunta con la fusta, como se ha explicado antes, y se le vuelve a mandar hacia afuera.

La incurvación hacia afuera del caballo a la cuerda, sin riendas de atar, en la mayoría de los casos tiene poco que ver con una rigidez, sino más bien que, el caballo, simplemente, no quiere saber nada del domador y lo ignora. Este comportamiento se reconoce y se corrige fácilmente sin riendas de atar. Si se obliga al caballo con riendas de atar apenas tendrá ocasión de incurvarse tan claramente hacia fuera. Para el buen observador, sin embargo, aún puede distraerse mentalmente de lo que ocurre en el centro del círculo, aunque una persona sin práctica no se dará cuenta al principio. Otro argumento en contra del uso continuado de las riendas de atar.

Los defensores de las riendas de atar siempre dirán que no se puede lograr la incurvación ni la flexión del caballo a la cuerda sin ellas. Sólo se les puede responder que, si se tiene la atención del caballo, éste mira hacia dentro, hacia la persona y se incurva por sí solo. La flexión se consigue alternando el reducir y aumentar el tamaño del círculo, como ya se ha descrito en el capítulo correspondiente.

El caballo se escapa hacia fuera

Otro problema ampliamente extendido al dar cuerda es que el caballo se escapa hacia el exterior –fuera del círculo.

¿Qué se puede hacer contra ello, con unos medios tan limitados –cuerda y cabezada?

La solución más fácil es el picadero circular. Aquí no se puede escapar. Para quien no disponga de él, es obvio que si el caballo empieza a escaparse, ya es demasiado tarde.

¡Hay que luchar contra el intento! (Véase también el párrafo «Fijación».)

Si se observa con atención, se puede reconocer el momento en que el caballo inicia la escapada. Pone rígido el cuello desde la espalda, y quiere incurvarse hacia fuera. O flexiona el cuello fuertemente hacia el interior y se sale sobre la espalda exterior. En el primer caso aún se le puede parar dando un paso en dirección a la grupa, siempre y cuando aún mire al domador. Pero si el caballo ya no le presta atención y simplemente va a lo suyo, decididamente se habrá perdido de antemano la batalla que puede surgir desde ese momento, ya sólo a base de fuerza. En casos graves se pueden usar riendas de atar (con filete), sujetando la rienda interior más corta, para impedir que el caballo pueda bloquear el cuello.

Si se sale sobre la espalda, con el cuello flexionado, es más fácil de parar, ya que todavía mira en dirección al domador. En este caso, si el problema persiste, también se puede abandonar temporalmente la premisa del equipo mínimo, equipando el caballo con filete y cabezón de dar cuerda en vez de cabezada de cuadra, y limitarlo con riendas de atar. Así no tiene posibilidad de flexionar el cuello demasiado hacia dentro; la espalda exterior y la inserción del cuello quedan bloqueadas por la rienda de atar exterior.

Si se teme que el caballo pueda escaparse y no se está aún muy seguro de los propios reflejos, en vez de dar cuerda con una simple cabezada de cuadra, se puede usar un *sidepull* o un cabezón, o en el último de los casos incluso la cadena o el *war bridle*. La cadena jamás debe convertirse en herramienta habitual, sino usarse únicamente por poco tiempo con caballos difíciles o ante problemas específicos para conseguir el respeto del caballo. De otra manera, el caballo se volvería insensible a la dureza, y con el método natural debe ser todo lo contrario, el caballo debe volverse precisamente más sensible ante las señales de la persona, no insensible.

Las resistencias a la mano (al llevar al caballo de la mano) –por ejemplo cuando el caballo se resiste a seguir a la persona ante una situación que le produce miedo– prácticamente no se darán si se ha completado el entrenamiento de la dominancia con éxito. Si, a pesar de todo, se diera el caso, entonces hay que repetir el traer al caballo hacia la persona y volver a intentarlo después. En la mayoría de estos casos la dominancia del domador aún no ha quedado suficientemente fijada. En realidad, siempre es un problema de dominancia, y por consiguiente de confianza, cuando un caballo no quiere seguir al domador de la mano, o no se deja dirigir en una dirección determinada.

Al establecer la autoridad del domador, crece la confianza del caballo.

El entrenamiento de la dominancia siempre es, a la vez, la creación de confianza

Por consiguiente equivale decir que luchar contra las resistencias del caballo al domador es crear mayor confianza.

La creación de confianza suena mucho más pacífico y armonioso que luchar contra resistencias, y en un principio es lo mismo, aunque expresado en otro sentido –no se trata de someter a toda costa, sino de un entendimiento natural del caballo.

Se consigue la confianza del caballo al darle seguridad como su superior en rango, y las resistencias desaparecen por sí solas. La creación de confianza mediante el entrenamiento de la dominancia, además de cambiar a un manejo más apropiado de la especie, es un instrumento para mejorar cualquier anomalía del comportamiento del caballo –al menos las actitudes sobre las cuales puede influir la persona—. Aquí hay que diferenciar entre anomalías que surgen durante la monta o el contacto con la persona (es decir que se han podido originar a causa de malas experiencias con las personas), y las que se observan en el box o en el campo sin contacto con el domador (quizás originadas por descuido o la falta de contacto social).

Entre las primeras se hallan por ejemplo un miedo exagerado, combinado con el asustarse de todo e «irse de caña», o el correr continuamente durante la monta. Casi siempre se trata de reacciones para eludir el (supuesto) dolor por parte del caballo, causadas por la pérdida de confianza en las personas, o bien la falta de haber establecido tal confianza. Esta actitud se puede corregir procurando crear esa confianza.

Al segundo grupo pertenecen los vicios como el tiro, el tragar aire, el andar de un lado para otro en el campo, y otros movimientos maníaticos, que el caballo adopta fácilmente por aburrimiento y que ya no se pueden modificar cambiando las circunstancias, ya que se escapan a la influencia del hombre. Al contrario de las actitudes para eludir el malestar, las del segundo grupo son verdaderas anomalías del comportamiento.

Mejorar tensiones e irregularidades del movimiento

Aparte de las anomalías del comportamiento, existen las irregularidades del movimiento y tensiones que se han descrito en la parte general de este capítulo y que mediante el trabajo pie a tierra se pueden mejorar o eliminar.

Para reconocer una irregularidad del movimiento se ha de tener una imagen ideal en mente del movimiento correcto (véase imagen ideal). Aun así, el movimiento correcto, es decir sin irregularidades, se ve diferente en cada caballo. Lo que en un caballo elegante, de pies ligeros, puede considerarse una irregularidad, por ejemplo un galope pisando fuerte, no ligero, puede ser normal para un poni pesado, como un Haflinger. (Lo cual no quiere decir que el galope pesado de un poni de tipo pesado no se pueda mejorar con el entrenamiento.) Como ya se ha explicado en los capítulos anteriores, se trata de desarrollar mucho la vista para saber dónde está el fallo en el movimiento.

Un factor a considerar es que la mayoría de irregularidades en el movimiento y tensiones son causadas por la monta. Por consiguiente, son más fáciles de corregir si se deja de montar por un tiempo, evitando el factor causante (o se limita a pasear al paso por el campo), hasta que la irregularidad haya desaparecido, al menos de la mano.

Otro punto a tener en cuenta es que no se puede corregir una tensión forzando al caballo en una forma que se considera la correcta mediante riendas artificiales, es decir, prácticamente tensarlo. De esta manera la tensión sólo se verá aumentada.

Por consiguiente, siempre hay que intentar resolver cualquier irregularidad o tensión en el movimiento sin medios artificiales que limiten al caballo, sino dejándole libertad de movimiento, como ya se ha advertido en el párrafo sobre el trabajo a la cuerda.

¿Qué hacer pues con un animal nervioso y alocado, que no quiere bajar la nariz de ninguna manera y que hunde el dorso constantemente durante el trabajo?

Distracción

Se ha de intentar con maniobras de distracción, que se salen de la rutina habitual del entrenamiento.

El trabajo con caballetes, como se describe en el capítulo de Ejercicios de Salto, obliga al caballo a bajar el cuello. Unos saltos pequeños estimulan al caballo a estirar el cuello.

Los obstáculos de campo, que se ve obligado a tomar en serio, hacen otro tanto.

Se observa el problema en los diferentes aires y, al principio, se trabaja al caballo un rato al aire en que menos se aprecia la irregularidad. Un caballo no puede hacer giros cerrados con el dorso hundido, por lo que hay que limitarse al principio a círculos amplios, y no pelearse con el caballo cuando se tuerce en vez de incurvarse.

Los cambios de mano frecuentes —al mejor trote— obligan al caballo a remeter los posteriores y a relajar el dorso.

90 *Práctica*

El trabajo de un caballo tenso en el picadero circular:
1. Muy tenso a galope.
*2. Unos cambios de mano (**roll backs**).*
3. Y el caballo galopa algo más relajado.

El ejercicio de *roll-backs* en libertad en el picadero circular (véase Lecciones de Reining), al exigir mucho del posterior y estirarse el caballo al salir saltando del giro, también puede tener un efecto positivo para relajar el cuello y el dorso. (Véase el capítulo sobre Trabajo Avanzado.)

Un caballo que ha aprendido a correr y a ponerse nervioso cuando va montado, se deja en libertad en el picadero circular, jugando con él, hasta que se haya desahogado. Después, se le ocupa con obstáculos de campo. Incluso en el juego, no hay que enviar al caballo sin propósito alguno a correr alrededor nuestro, sino pensar qué tipo de movimientos le convienen de cara al problema específico. No se trata de cansarlo sin más, sino de mantenerlo dispuesto a aprender.

Es importante romper la rutina del entrenamiento (compare el método Feldenkrais) para interesarlo por algo nuevo, sin aburrirlo e irritarlo con la corrección de fallos viejos, que quizá se arrastran durante años. Si se deja de montar durante un tiempo y se trabaja pie a tierra, esto resulta completamente nuevo para el caballo que no tenga el prejuicio de malas experiencias anteriores.

Los ejercicios orientados hacia atrás son muy útiles para estos caballos nerviosos. Si se pone nervioso durante el ejercicio, se le vuelve a dejar andar un rato en libertad, para relajar las tensiones con el movimiento.

Los caballos linfáticos, que no quieren ir hacia adelante, arrastran los posteriores (esto también es una irregularidad del movimiento) y sólo responden al jinete o domador cuando la orden es reforzada por la fusta o la tralla, se pueden sensibilizar al comienzo mediante actuaciones molestas sobre su cuerpo, para sensibilizar el propio lenguaje corporal, como se describe en el capítulo correspondiente.

Estas actuaciones molestas sirven para provocar una reacción más rápida de un caballo lento y aburrido. Cuando el domador da una señal, el caballo debe responder en seguida, y no lento y dudando. Al dudar después de una señal, está claro que el caballo no toma en serio al domador como su superior. El caballo se acoge al lema de «veamos, a ver si va en serio». Un caballo así, de reacciones lentas ante el líder de la manada, no podrá escaparse de una coz o un mordisco de castigo.

Los actos molestos deben basarse, ante todo, en el mecanismo de ocupar su lugar. (El caballo debe aceptar que la persona pueda echarlo de su sitio –y en el acto.)

Una vez que se ha despertado a un caballo así, responderá mejor, es decir, más rápido, ante las demás señales de la persona. Así también responderá a la señal de avanzar más deprisa.

La atención como clave del éxito de la corrección

Ante todo, el caballo estará pendiente para saber qué querrá la persona de él.

Con estos actos molestos se ha conseguido llamar su atención.

Su atención ante las acciones del domador es la clave para una corrección avanzada con éxito. Consiste en despertar al caballo con señales que se siguen rápidamente entre sí. Rápidos cambios de aire, avanzar con fuerza y retener de nuevo. Varios saltos pequeños seguidos. Pasar barras de tranqueo a diferentes alturas, que

El caballo más relajado:
1. Trote activo.
2. Trote tranquilo, el caballo baja más el cuello.
3. Paso relajado.

*El caballo emplea el posterior con fuerza y reacciona con rapidez ante la señal del hombre para un **roll back** de cara a la valla.*

castigan por sí solas cualquier descuido si el caballo no levanta los pies. Es decir, todo lo que se salga de la rutina habitual. Más adelante vendrán obstáculos de campo complicados, que requieren toda la atención del caballo. Como ya se ha advertido, no hay que confundir la holgazanería con el dejar colgar los posteriores por dolor. Esta distinción suele ser fácil si se tiene en cuenta el temperamento del caballo en su totalidad y se observa la mejoría o el empeoramiento durante el trabajo.

Si observamos los métodos para caballos nerviosos y para caballos linfáticos, vemos que en el fondo hay poca diferencia entre los sistemas de entrenamiento. El caballo nervioso y tenso (en alerta para huir), con el dorso hundido, se relaja y se calma al realizar con atención los ejercicios que se le piden, que deben relajar su musculatura. El caballo linfático reacciona más rápido cuando presta atención, en caso contrario sabe que le espera el castigo inmediato de su superior.

La corrección de tensiones sin el uso de riendas artificiales, muchas veces puede, desde luego, hacerse esperar. Puede tardar tremendamente en soltarse un caballo rígido. Pero el resultado será definitivo, ya que se habrá relajado por propia voluntad.

Ante claros defectos morfológicos, como una grupa demasiado alta, en casos excepcionales será necesario prescindir del concepto de la corrección sin riendas artificiales. Un Chambon, muchas veces incluso unas riendas de atar, pueden ayudar a relajar el dorso de un caballo así.

El caballo tiene derecho a enfadarse. Se le permiten alegrías

Quien no sabe de qué se trata, en las medidas de corrección arriba indicadas sólo verá muchas veces un caballo que corre totalmente alocado alrededor de su domador, y que claramente está enfadado. Pero este enfado no importa –incluso con muchos caballos (sobre todo los linfáticos) es deseable pues con ello se provoca una reacción fuerte, mientras que, de otra manera, el caballo se ve aburrido.

Si se le permite enfadarse de verdad, el caballo se sentirá tanto más liberado después –y también tanto más satisfecho al concluir con éxito un ejercicio realizado–. Además, tiene la posibilidad de desahogarse psíquicamente, galopando de modo alocado. Siempre es peor impedir su movilidad desde el principio con riendas artificiales y con ello su posibilidad de liberar sus tensiones. Estas tensiones son muchas veces causadas, porque durante un trabajo que le inspira miedo, se le impide seguir su instinto de huida.

Más adelante, en ciertos ejercicios de reunión, las riendas artificiales suelen ser útiles, pero primero se tiene que haber aclarado la relación básica entre persona y caballo: éste no debe resistirse ante lo que le pide la persona –se debe contar con la máxima obediencia.

Las alegrías, o el galopar alocadamente, son algo excepcional en el trabajo pie a tierra. Aquí se puede permitir sin más, ya que no hace daño a nadie: no se puede caer un jinete –y el futuro jinete no coge miedo ante los movimientos incontrolados de su caballo–. Un miedo que, al ir montado le daría inseguridad, que a su vez provocaría que el caballo perdiera la confianza en el jinete.

Una pequeña aclaración: el caballo reaccionaba demasiado lentamente y se sentía acorralado ya que el domador se acercaba demasiado. En este caso bajo ningún concepto se debe retroceder.

Crear confianza con los ejercicios de paso estrecho y remolque

El entrenamiento de los llamados pasos estrechos es uno de los ejercicios donde muchos caballos se enfadan. Sin embargo, es importante para crear confianza. Con un caballo que se deja dirigir por un paso estrecho sin problemas se resuelve por sí sólo un problema que tienen muchos jinetes, como es el cargar el caballo en un remolque. El remolque, de hecho, no es otra cosa que un paso estrecho donde el caballo se siente encerrado, es decir, impedido en su movilidad y sin poder seguir su instinto de huida. Si se le ha quitado el miedo ante estos pasadizos ya no hay razón para que se resista. También resulta muy útil para terrenos inclinados, como veremos más adelante.

Para entrenar los pasos estrechos, es básico dominar los ejercicios de enviar el caballo por adelante y fuera de uno, como en el círculo alrededor, tal y como se describe en el capítulo del Entrenamiento de la Dominancia.

El objetivo es enviar el caballo a pasar por el paso estrecho por sí sólo y no detrás de la persona. Ello por dos razones: primero, para seguridad de la persona que lo lleva, por si el caballo una vez en el paso estrecho entrara en pánico y saltara hacia adelante. Segundo, para sugerirle al caballo la propia voluntad de su acción: se mueve sin ser llevado directamente.

Un ejercicio sencillo para empezar

Se colocan dos caballetes a una distancia de un metro, uno al lado del otro, y se envía el caballo hacia adelante a pasar por en medio. Los caballetes, por su reducida altura, todavía no inspiran miedo al caballo. No se siente encerrado. El domador se pone de frente junto a uno de los caballe-

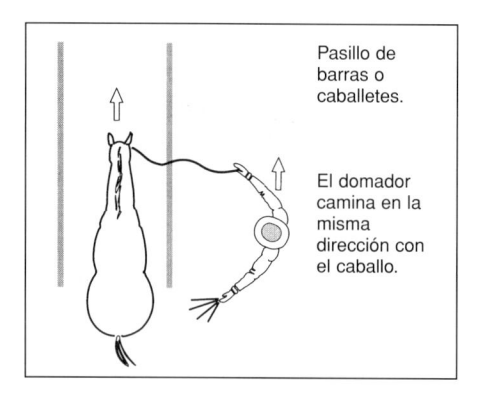

94 Práctica

Pasillo de barras o caballetes.

El domador camina en la misma dirección con el caballo.

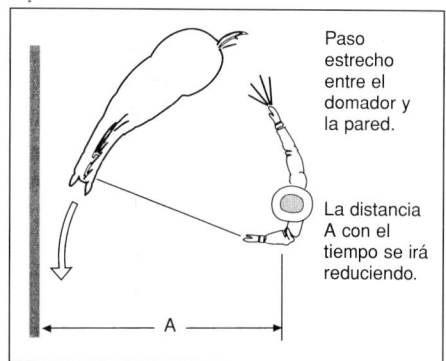

Paso estrecho entre el domador y la pared.

La distancia A con el tiempo se irá reduciendo.

tes, y manda pasar al caballo. Nuevamente con la ayuda del brazo izquierdo estirado o moviendo el extremo de la cuerda, según sea necesario (la posición se refleja en el dibujo).

Más adelante se suben los caballetes, o se cambian por un par de obstáculos bajos que se tapan un poco más, por ejemplo con una manta por encima. Asimismo, los pasos estrechos formados con barriles o balas de paja forman un buen ejercicio.

También se puede crear un paso estrecho haciendo pasar al caballo a la cuerda larga entre uno mismo y la pared –primero al paso, más adelante al trote (véase el dibujo de arriba). Con el tiempo se irá reduciendo el espacio de paso.

Muchos caballos, al principio, se niegan a pasar por un paso muy estrecho entre el domador y la pared. Con un poco de convencimiento moviendo el extremo de la cuerda y la actitud tranquila y decidida del domador, de «tu vas a pasar», hasta el caballo más miedoso acabará pasando.

El entrenamiento de pasos estrechos alcanza su dificultad máxima con los obstáculos de campo, como por ejemplo un puente estrecho con barandillas altas.

Entrenamiento de remolque

El entrenamiento para remolque también se lleva a cabo según el sistema de los pasos estrechos.

Y lo mejor es que no se necesita ayudante, que suelen causar más confusión e intranquilidad que realmente servir de ayuda en los problemas para cargar un caballo al remolque. Sin embargo, al principio se necesita tiempo –casi infinito–. Esto quiere decir, desde luego, llegar a cargar el caballo, pero no con la intención de arrancar en seguida y salir a la carretera, sino al principio varias veces únicamente con fines de entrenamiento.

Como preparación, se crea un paso estrecho entre el domador y el remolque con la puerta cerrada, y se da cuerda al caballo. Después se abre la puerta del remolque, y se hace pasar al caballo por encima de la puerta bajada (véase el dibujo), si es necesario haciendo mover el extremo de la cuerda para estimularlo.

Si el caballo camina sin resistencia sobre la puerta bajada, entonces el domador cambia su posición y se pone al lado de la rampa. Hace mover el caballo a su alrededor en círculo, hasta que éste se halla finalmente frente al remolque abierto. Aquí primero intentará escaparse –no hacia el lado del domador, quien lo manda hacia fuera: ya ha aprendido a respetar las señales de la persona–. Por lo tanto anda en círculo alrededor de la rampa hacia el otro lado del remolque. Por ahí acaba el alcance de la cuerda o del ronzal largo. Como el domador está al otro lado del remolque, en este momento la cuerda se tensa –el caballo recibe un tirón sobre la nariz, que le obliga a volver– claramente es molestado. El tirón de la cuerda (al que ya ha aprendido a reaccionar con el entrenamiento de la dominancia) hace retroceder al caballo, y se le vuelve a mandar delante de la rampa. Este juego puede repetirse una media hora, según las circunstancias, hasta que el caballo se convence. Finalmente hará un primer, dudoso, intento de subirse al remolque por propia voluntad. Esto no debe terminar en encerrarlo en seguida, cuando esté dentro. Al contrario, volverá a salir –y debe hacerlo así– varias veces, al principio rápido y asustado, luego más tranquilo. Hay que dejarle la oportunidad de volver a salir del agujero estrecho. Esto es muy importante ya que le deja una salida al caballo. No se reprime su instinto de huida.

Cuando el caballo haya subido y bajado varias veces del remolque, se da cuenta que dentro del remolque es el único lugar donde se le deja en paz. Se quedará dentro por propia voluntad –incluso sin cerrar la puerta.

Ahora se deja al caballo tranquilamente un rato en el remolque para «pensar» y digerir los acontecimientos –sin atarlo, y dejándole la posibilidad de salir cuando quiera.

Esta libertad es muy importante, con vistas a lo dicho anteriormente.

Le quita todo el miedo de los remolques. Para el caballo es un lugar de descanso, donde se le deja tranquilo, incluso se le premia (compare el capítulo de Premios y Castigos).

Sin embargo, hasta este punto no se debe viajar con el caballo, sino confirmar esta entrada por propia voluntad al remolque repitiendo el ejercicio en los días siguientes. Tras estos ejercicios jamás se volverá a necesitar un ayudante para cargar al caballo en un remolque. El domador podrá hacerlo entrar por sí solo.

Todo este procedimiento puede hacer que el caballo se levante de manos o pegue brincos. Si le preocupa que pueda lastimarse hay que poner protectores en las extremidades.

Si no se fía de este método y le da miedo no poder retener al caballo cuando desaparezca al otro lado del remolque, puede usar un *sidepull* o incluso una cadena en vez del ronzal o la cuerda larga. También puede tener un ayudante, que se encargará de dirigir al caballo moviendo una cuerda oblicua desde atrás. Esta persona no deberá hacer otra cosa que tocar al caballo suavemente con la cuerda –no pegarle y mucho menos perder la calma–. Este sistema con ayudante es aconsejable para las personas que aún tengan cierto reparo comparado con la coordinación tranquila del método de embarque tradicional. Así sólo deberá concentrarse en el caballo.

El caballo no se deja atar

Éste es otro problema que se origina a causa de que el caballo se siente limitado en sus movimientos y re-

96 *Práctica*

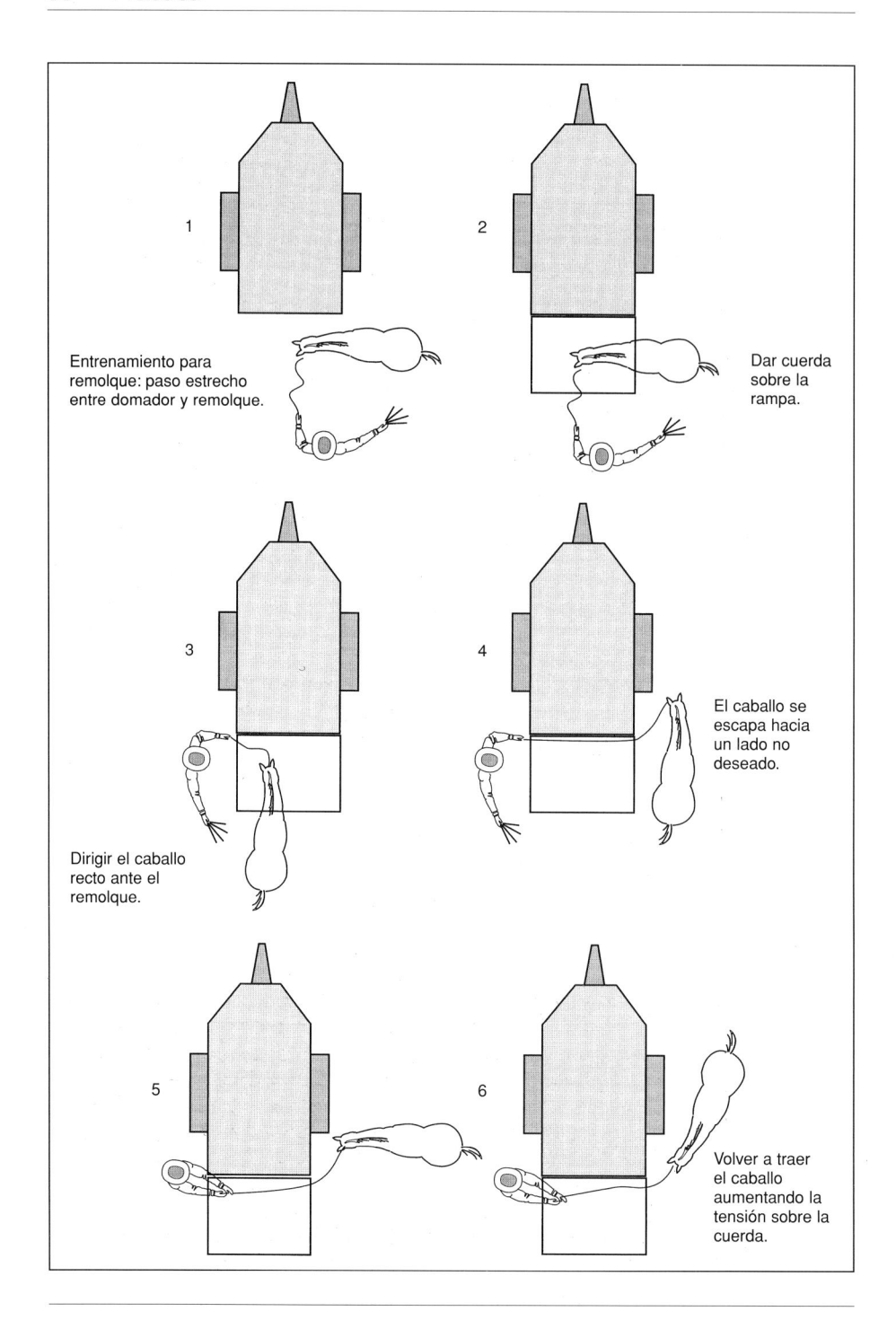

1 Entrenamiento para remolque: paso estrecho entre domador y remolque.

2 Dar cuerda sobre la rampa.

3 Dirigir el caballo recto ante el remolque.

4 El caballo se escapa hacia un lado no deseado.

5

6 Volver a traer el caballo aumentando la tensión sobre la cuerda.

Práctica 97

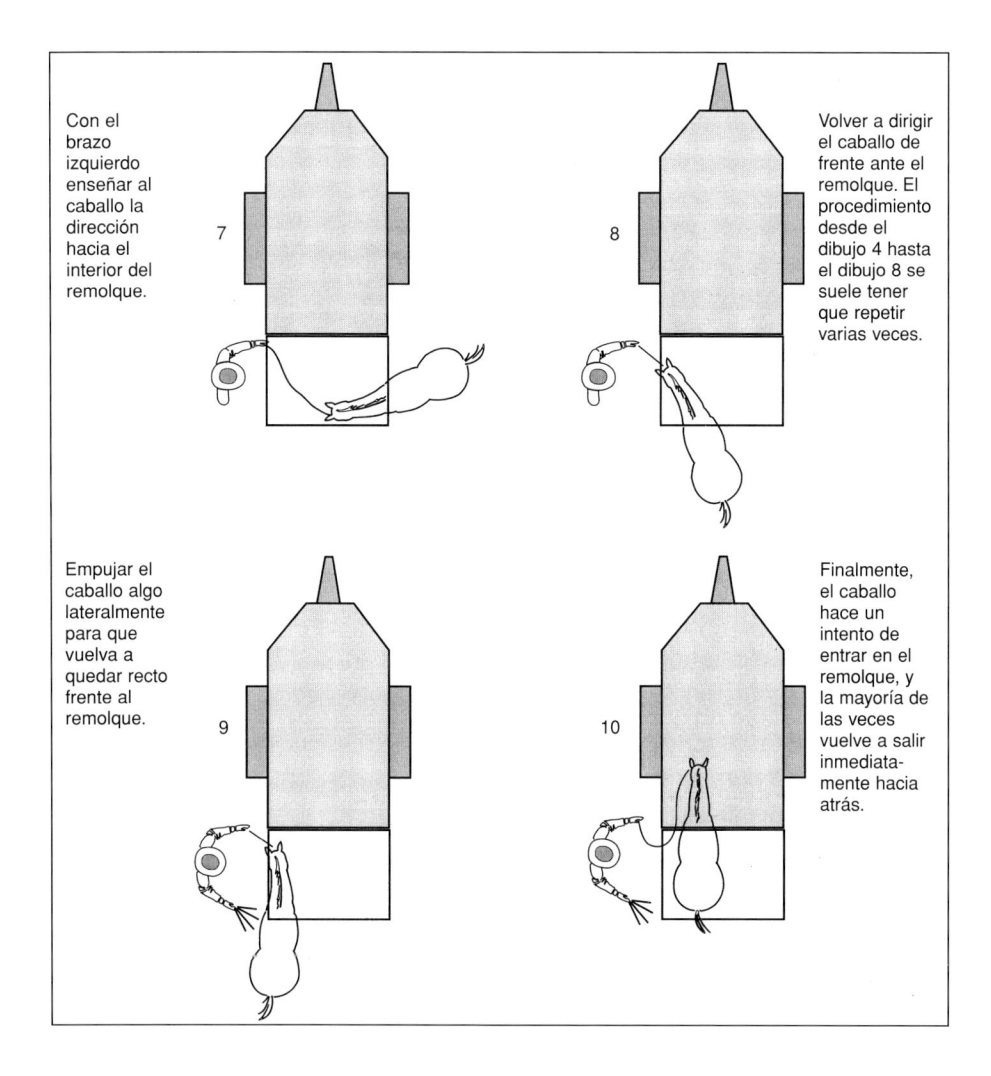

Con el brazo izquierdo enseñar al caballo la dirección hacia el interior del remolque.

7

8

Volver a dirigir el caballo de frente ante el remolque. El procedimiento desde el dibujo 4 hasta el dibujo 8 se suele tener que repetir varias veces.

Empujar el caballo algo lateralmente para que vuelva a quedar recto frente al remolque.

9

10

Finalmente, el caballo hace un intento de entrar en el remolque, y la mayoría de las veces vuelve a salir inmediatamente hacia atrás.

acciona con pánico, intentando liberarse. Ya que en muchas ocasiones nos vemos obligados a atar al caballo lo más seguro posible, hay que intentar primero quitarle el miedo, y segundo, dejarle bien claro que sus intentos de liberarse no tienen sentido. Por razones de seguridad, el caballo en este caso debe aceptar su falta de movilidad; no es aconsejable dejar a su caballo en cualquier parte libremente con un «ground-tying» («atado» al suelo) (véase Pruebas de Campo). Tampoco hay en todas partes un paddock con valla en forma de E.

Para quitarle el miedo, al principio se puede atar un caballo tranquilo y acostumbrado en su cercanía, pero no a su alcance, para hacerle compañía. No demasiado cerca porque el caballo problemático, en un intento de liberarse, podría lastimarle.

El caballo verá ahora a su compañero atado tan tranquilo, y esta calma le será transmitida.

Incluso cuando esto va bien durante un rato, llegará un momento en que el caballo intenta soltarse a pesar de todo. Este momento se debe provocar en casa, y no cuando se está de viaje con el caballo, es decir en circunstancias mucho menos favorables.

Si se quiere enseñar a un caballo que ya ha logrado soltarse varias veces hay que emplear material irrompible desde el principio.

Se precisa una cabezada de cuadra de cuero, a ser posible reforzado en la testera, y un ronzal grueso con mosquetón fijo (no de pánico). Se ata el caballo corto y alto, de modo que no pueda meter la mano sobre el ronzal. Tampoco debe poder poner la cabeza por debajo del ronzal y quedarse colgado. Lógicamente no debe haber nada comestible en su cercanía.

El suelo debe ser blando, y el poste donde se ata al caballo bien estable, preferentemente fijado con cemento. El «snubbing post» utilizado por los jinetes western en el centro de la pista es muy útil para este fin. (Pero un poste aislado y liso también sirve.) Se sobreentiende que no debe haber nada al alcance del caballo.

El caballo no debe tener ocasión de volver a soltarse. Se le puede dejar un rato atado, pero vigilándolo. Si comienza a tirar, según el caso, no se intervendrá y se le dejará hacer. Pero más eficaz es el sistema de tocarle con algo en la grupa que le asuste. El objeto debe tener suficiente longitud para no tener que acercarse demasiado al caballo en pánico. Puede servir una rama larga o una tralla con algo de plástico en el extremo. Con ello se le puede distraer de sus tirones, dará un paso hacia adelante y generalmente se quedará parado aturdido. Ahora se le puede premiar con la voz.

Para evitar lesiones en las extremidades, se pueden poner protectores.

Relajación del caballo parado

Ejercicios de relajación en la parada

Además de conseguir que el caballo se relaje en movimiento, existe la posibilidad de hacerlo con ejercicios estando parado.

Esto es útil sobre todo cuando las viejas tensiones se han fijado tanto que el caballo por sí solo no puede salir de su mala costumbre.

Ya sea que una vieja lesión ha producido dolor durante mucho tiempo y ha provocado tensión en movimientos determinados (que se han fijado como costumbre), o que el caballo se ha trabajado incorrectamente, o con una montura que no le ajustaba bien, durante mucho tiempo y por ello el ca-

El caballo es premiado.

ballo siempre relaciona el trabajo con dolor, por lo que se pone tenso de costumbre.

En tales casos se pueden emplear riendas artificiales como un Chambon en el movimiento.

Pero, como preparación (antes del trabajo en movimiento), se pueden desbloquear partes tensas en el cuerpo mediante masajes sobre la zona o ejercicios de flexión y estiramiento.

Mediante la observación del caballo en libertad hemos podido ya localizar en parte las irregularidades del movimiento y las tensiones. (Si también lo hemos podido comparar con su movimiento montado por su jinete habitual, generalmente ya tendremos claras las diferencias en la calidad de movimiento con y sin jinete.)

Palpar

Al palpar todo el cuerpo del caballo con las yemas de los dedos podemos hallar otros puntos sensibles. Sobre todo, la zona de las orejas y de la nuca suele ser muy sensible. Además, casi siempre hay en alguna parte del dorso o de la musculatura del cuello, algún punto débil.

Aparte de las zonas dolorosas, al palpar al caballo también descubriremos los puntos sensibles, donde al caballo le gusta que le toquen, y también aquellos que no, donde se provoca una rápida reacción de querer huir cuando se le molesta ahí (sin que la molestia sea dolorosa).

Al aumentar y disminuir la presión con los dedos se pueden provocar reacciones distintas del caballo. Algunos caballos muestran dolor con presión fuerte, otros con poca.

Una reacción de dolor –tanto en la parada como en movimiento– también se ve en la expresión del caballo, y no sólo porque hunde o rehúye la zona tocada.

Pone las orejas hacia atrás y muestra los dientes con la boca entreabierta. Además, puede mover o girar la cabeza en señal de malestar. Esta expresión no debe confundirse con la amenaza, como el poner las orejas hacia atrás y enseñar los dientes a otro caballo. No se dirige a nadie, sino que exterioriza lo que siente dentro de su propio cuerpo.

Con caballos que muestran clara resistencia en la nuca y que suelen llevar la cabeza alta, alarmados (que suele ir acompañado de invertir el cuello), se les puede relajar el cuello y la nuca como se describe a continuación.

Relajar el cuello y la nuca

Se pone una mano lisa sobre la nuca del caballo y la otra sobre la nariz. Ahora, con una mano se empuja la nariz suavemente hacia la derecha, mientras que con la otra se tira de la nuca ligeramente hacia la izquierda y después lo contrario, la nuca hacia la derecha, la nariz hacia la izquierda. Se alternan los movimientos rápidamente hasta que el caballo casi va «diciendo que no» con la cabeza. Aun así, se trata de un movimiento mínimo hacia izquierda y derecha desde la línea central. Si, al principio, el caballo se opone al movimiento, no hay que forzarlo (esto sólo provocaría más resistencia), sino hacer el movimiento contrario con las manos sin pedir reacción alguna del caballo. En algún momento el caballo reaccionará inclinando la cabeza ligeramente hacia izquierda y derecha y, más adelante, acabará girando la cabeza y relajándose.

Práctica

Relajar el cuello y la nuca; una mano se pone sobre la nariz, la otra sobre la nuca.

Con un movimiento de vibración en dirección contraria, se invita al caballo a bajar el cuello.

La relajación, aparte de colocar la cabeza y el cuello estirados hacia abajo, se reconoce al dejar el caballo los ojos medio cerrados y relajar la parte de la boca.

Montado también se le puede invitar a estirar el cuello, rascándole la parte superior de la crin. Puede ocurrir que el caballo no se deje coger la nuca porque le da miedo que le toquen ahí.

Para poder llegar a este punto tan alto, primero se busca un punto en la cabeza donde le guste ser tocado. Ahí se pone la palma de la mano y se mueve suavemente. Luego se intenta, poco a poco, deslizar la mano sin presionar en dirección a la nuca. Un movimiento circular de la mano distrae al caballo de la dirección que lleva.

Durante este procedimiento no hay que perder la calma pues puede tardar bastante.

A muchos caballos les gusta ser acariciados sobre los ojos, con la palma de la mano algo hueca. Esto se hace un par de veces, y desde ahí se sigue hasta llegar a la nuca.

Otros caballos no soportan que se les toque fuera de su campo visual, donde no alcanzan a ver.

Por eso se puede intentar, en vez de empezar directamente detrás de las orejas, hacerlo sobre los ojos, alrededor de las orejas, sobre la nariz y la frente hasta el tupé y, entonces, pasar la mano sobre la oreja hacia el lado de la nuca. A muchos caballos les gusta ser rascados detrás de las orejas, empujando éstas un poco hacia adelante con ello.

Ocasionalmente puede haber una razón orgánica por la cual el caballo no se deje tocar la cabeza, o no siempre. Sirva de ejemplo mi yegua, que muchos días se dejaba rascar la cabeza gustosamente por todas partes y otras veces la retiraba con los ojos girados. Al principio pensé que era por fuertes altibajos de humor. Pero al cabo de un tiempo le salió una fuerte sinusitis, por lo que unos días la yegua estaba menos tratable que otros.

Si el caballo ha aprendido bien el entrenamiento de la dominancia y cede la nuca ante presión, entonces se

Girar el cuello. El punto donde la mano debe presionar el cuello.

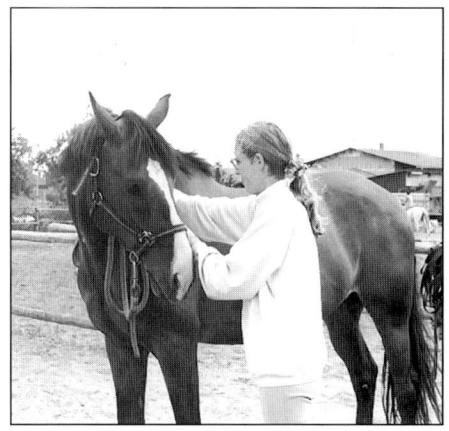

La otra mano coge la cabezada y gira la cabeza.

le puede colocar la cabeza hacia abajo para relajar el cuello.

Girar el cuello

Para relajar tensiones del cuello, las espaldas y las mandíbulas, se puede hacer que el caballo gire el cuello lateralmente.

Los jinetes *western* lo hacen a menudo montados pero también funciona desde el suelo.

Para ello, se puede empezar ofreciendo una golosina al caballo desde un lado y, cuando gira la cabeza, hacerle girar aún un poco más.

En primer lugar, así se le distrae del problema en sí, es decir, que el cuello o las mandíbulas pueden doler al girar tanto si había una tensión antes. En segundo lugar, se le premia el movimiento deseado.

Además de tensiones a la altura del cuello, con este sistema se pueden al mismo tiempo aliviar rigideces del cuerpo en la base.

Más adelante se debe conseguir que el caballo gire el cuello sin ofrecerle la golosina, que no recibirá hasta después del ejercicio. Para ello, se pone una mano sobre su nariz, o se le toma de la cabezada de cuadra, y el domador gira la cabeza hacia su lado. Al mismo tiempo, la otra mano presiona suavemente contra el cuello para que el caballo ceda en ese lugar. No obstante, jamás hay que intentar doblar el cuello tirando o empujando fuertemente con las manos. Aparte de que el caballo siempre será mucho más fuerte cuando no quiera, y, si se intenta a la fuerza, sólo se obtendrá más resistencia.

Al principio un lado del caballo será claramente más rígido (el caballo se tiene que esforzar a todas luces para llegar a su golosina). Del lado rígido no hay que exigir demasiado, al contrario, se debe avanzar mucho más lentamente que del lado bueno.

Con el tiempo, al caballo le dará igual girarse de esta manera pues se trata de un movimiento natural que se veía dificultado por un aumento de tensión.

Atar a la montura o a la cola

Muchos jinetes *western*, antes de montar sus potros, los atan con una

Atar la cola.

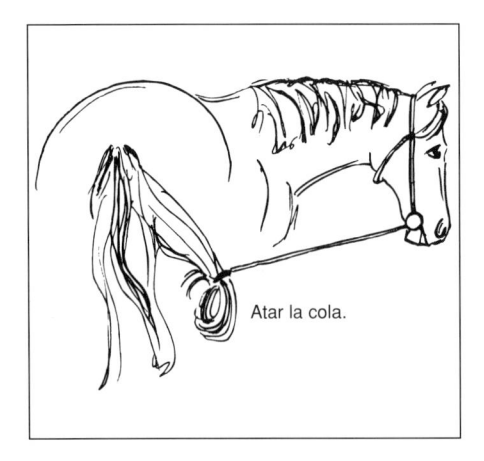

cuerda desde el filete a la cola, una vez a la izquierda y otra a la derecha, y lo dejan así un rato en el paddock (de manera que no se pueda enganchar en ningún lado). Este método enseña al caballo a que la presión sobre la boca y la cola desaparecen si cede a lo largo de todo su cuerpo.

Con un potro «verde», esto tiene su utilidad, siempre y cuando se le deje así pocos minutos y sólo se exija una ligera flexión. Toda flexión demasiado fuerte del cuello en este ejercicio le da al potro una sensación de opresión que, en el mejor de los casos, producirá una resistencia; en el peor, miedo y pánico, ya que en esta situación se encuentra indefenso.

Asimismo, el atar el caballo unilateralmente a la montura, puede ser útil cuando el caballo acostumbra a cogerse de un lado sobre el filete. En este caso lucha consigo mismo y, al ceder a sí mismo, aprende a ceder ante la presión unilateral de la rienda y flexionar el cuello.

Sin embargo, para un caballo adulto, mal montado, completamente rígido en el cuello y las espaldas, y por consiguiente dolorido al flexionar, este sistema sólo será perjudicial, ya que todavía se pondrá más tenso, por el dolor en la flexión y no poder volver a enderezar el cuello.

Estirar y relajar las extremidades

Un buen ejercicio, que más adelante también se puede volver a usar muchas veces para el entrenamiento de campo, consiste en estirar los anteriores del caballo suavemente, hacia adelante, y moverlos ligeramente hacia izquierda y derecha. Estimula el equilibrio sobre los restantes tres remos. El movimiento lateral además suelta las espaldas. Los posteriores se pueden estirar ligeramente hacia detrás y hacia adelante. Tras el ejercicio con cada extremidad, se debe poner el casco de puntillas pues así el caballo queda en una posición relajada.

TRABAJO AVANZADO

El trabajo avanzado empieza donde el caballo debe aprender lecciones específicas, en preparación para ejercicios determinados, también, o precisamente, montados. Mientras que el entrenamiento de obediencia básica es generalizado para todos los caballos y aplicable para todo tipo de monta posterior deseado, ahora se puede especializar más en una meta determinada –ya sea la doma clásica, la monta *western*, o el paseo– y dedicarse a los ejercicios que más nos atraen. Pero muchas veces también puede ser útil probar algo perteneciente a otras modalidades. Sin duda alguna existen posibilidades interesantes para hacer el trabajo divertido.

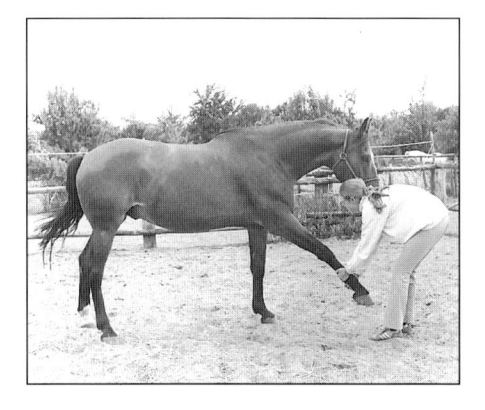

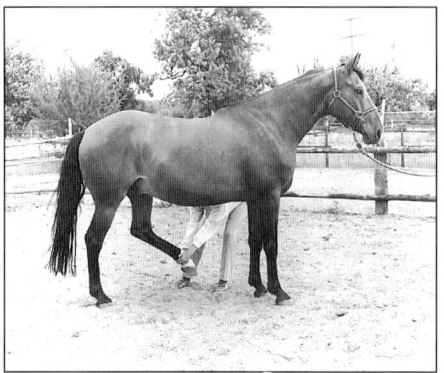

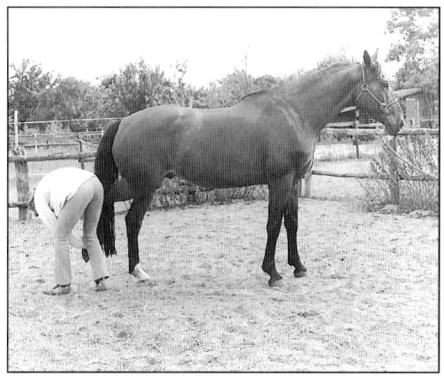

Estiramientos de las extremidades del caballo... ... con su relajación correspondiente.

Reunión clásica

Cuadrar el caballo en la parada

Una posibilidad para llegar a reunir el caballo ligeramente ya en la parada, es el cerrarlo con la ayuda de una fusta larga. Para este ejercicio el caballo debe llevar riendas de atar, para evitar que se escape de la reunión hundiendo el dorso. Se pasa la fusta en un movimiento fluido sobre la parte trasera del dorso y la grupa, hasta los corvejones. El caballo debe remeter ligeramente los posteriores. Si no reacciona, se vuelve a pasar la fusta, esta vez hasta las cuartillas, donde se puede dar un toquecito.

El tacto de la fusta también se puede emplear al inicio del trabajo para comprobar el humor del caballo. Si el caballo hoy reacciona en seguida y cuadra, en el resto del trabajo también será activo, incluso demasiado, pues, por ejemplo puede retrotar. Si no reacciona, hoy está más bien holgazán y habrá que animarlo. Entonces se puede mover la fusta hacia arriba y hacia abajo sobre las cañas de los posteriores –quizás hasta por encima de los corvejones– hasta que cuadre. Aquí nuevamente se trata de buscar la parte de los posteriores donde mejor reacciona el caballo (los puntos sensibles).

Vaya por delante que el caballo no ha de tener miedo de la fusta, y que debe haber aprendido a tolerar su tacto en todo el cuerpo.

Cuadrar el caballo mediante la fusta tampoco se debe hacer con demasiada frecuencia, para mantenerlo sensible al tacto.

Reunión en movimiento

Se puede llegar a entrenar el caballo hasta las lecciones de alta escuela sin montarse.

El caballo flexible y reunido en un ejercicio determinado a la mano, no suele tener problemas de equilibrio con el peso del jinete, ni siquiera en los ejercicios más difíciles.

Quien no quiera solamente un caballo obediente, sino que tenga ambiciones para la doma clásica, puede

Cuadrar el caballo con la fusta.

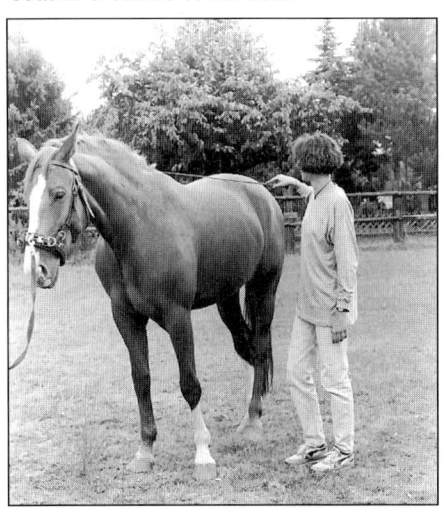

reunirlo de la mano. En el trabajo pie a tierra encontrará un campo de trabajo muy amplio para el futuro caballo de doma.

Casi cada ejercicio se puede entrenar desde el suelo.

Sin embargo, para muchos ejercicios hace falta cierta condición física del domador, piense solamente en un alargamiento del trote pie a tierra con riendas largas.

Trabajo con riendas de atar

Cuando con el entrenamiento básico de flexibilización y obediencia se ha formado un caballo con soltura, ahora para la reunión se puede trabajar con riendas de atar. Además, se usará un cabezón de dar cuerda, para no tener que fijar la cuerda larga o el ramal a la anilla del filete. Para el trabajo de reunión a la cuerda es aconsejable el uso de la tralla y/o fusta; mover el extremo de la cuerda, muy útil para el trabajo de dominancia, no es tan apropiado para el verdadero refinamiento como una fusta. Es muy difícil, por ejemplo, tocar un menudillo con exactitud con el extremo de la cuerda, ya que habría que agacharse.

En el trabajo con riendas de atar hay que vigilar que el caballo no pese sobre el filete. Cada vez que el caballo intenta bajar la cabeza para apoyarse en el filete, se puede apuntar con la tralla en dirección a su cabeza, o bien hacer que la levante haciendo sonar la tralla. Si el caballo tiene mucha tendencia a apoyarse sobre el filete, hay que comprobar que las riendas no estén atadas demasiado cortas.

Siempre es importante volver a trabajar sin riendas de atar y dejar que el caballo se estire, de modo que no se puedan fijar tensiones. La variación entre trabajo con y sin riendas de atar también evita que el caballo se apoye sobre el filete. Nunca hay que intentar poner el caballo redondo al paso al inicio del trabajo. (El paso reunido es un ejercicio muy pesado. Incluso con caballos que lo dominan nunca hay que exigirlo al inicio del trabajo.)

El uso de las riendas de atar –que para el trabajo con potros es muy discutido y en mi opinión innecesario– es útil para lograr mayor reunión en caballos avanzados. Desde luego es cierto que la reunión también se puede lograr sin unas riendas fijas, por ejemplo, al dirigir el caballo pie a tierra, con riendas largas. Pero esto es mucho más difícil, ya que exige mucha más sensibilidad en la mano. El domador debe desarrollar la misma sensibilidad con las riendas largas que con las riendas cortas al montar, y eso mientras debe trotar detrás de su caballo por la arena de la pista. Quien lo haya probado, sabrá con qué rapidez uno queda agotado y cómo la falta de respiración afecta a la finura de las manos.

Los expertos discuten sobre la longitud de las riendas de atar. También para esto hay que desarrollar buena vista. Todas las instrucciones en vigor sólo pueden dar un punto de vista a la vez. La longitud exacta de las riendas de atar difiere en cada caballo y cada grado de doma.

Para un caballo que nunca antes ha trabajado con riendas fijas, deben fijarse tan largas que apenas tengan influencia, es decir, de modo que el caballo pueda estirar la nariz bien por delante de la vertical. Para ello se atan las riendas muy abajo en el cinchuelo.

Cuanto más arriba se deba (y se pueda) poner la nuca del caballo, más cortas se pueden ajustar las fijas. Y tanto más alto se ajustan al cinchuelo. Aun así, jamás deben forzar la cabeza del caballo por detrás de la vertical. Si esto ocurre, el caballo todavía no está preparado para acortarlo tanto, es decir, aún no puede poner la nuca suficientemente erguida.

Las riendas fijas evitan que el caballo levante la cabeza, cuando se le pide remeter más los posteriores. Sin embargo, en mi opinión, no es ésta la función más importante.

Facilita el tocar los posteriores con la fusta; ya que el caballo no puede escaparse tan fácilmente hacia adelante. Pero lo que es mucho más importante del trabajo con riendas fijas es el hecho de que el caballo mantiene su rectitud a lo largo del cuerpo, cuando el domador se encuentra a su lado y con la fusta activa los posteriores.

Si esto se hace sin riendas fijas, el caballo suele girarse con la cabeza en dirección al domador, de modo que queda incurvado o al menos flexionado. Así tiene la espalda exterior libre y puede evitar el remetimiento del posterior exterior al escaparse lateralmente. Esto queda claro en los movimientos laterales.

Además, las riendas de atar evitan una flexión excesiva y que doble el cuello, y con ello el escaparse sobre la espalda exterior en los giros más cerrados sobre el círculo.

No obstante, es un error pensar que así se puede evitar que el caballo salga corriendo hacia adelante, si se le junta bien con riendas de atar. Si un caballo corre hacia adelante, esto se debe a que todavía le falta equilibrio, o una falta de armonía derivada, que

Con riendas de atar

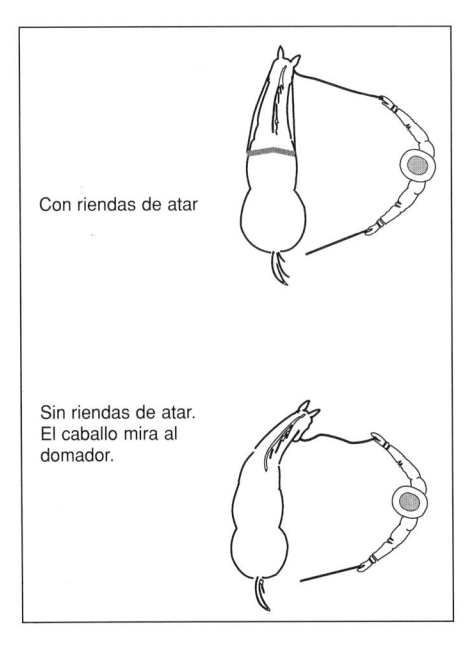

Sin riendas de atar.
El caballo mira al domador.

no se puede corregir ajustando las riendas de atar.

Las causas suelen hallarse más bien en que se le exige demasiado al caballo y hay que solucionarlas. Un trabajo con libertad de movimiento, con distracción, para interesar el caballo en un ejercicio, como se describe en el capítulo sobre la Corrección de Resistencias, es la manera de evitar que quiera salir corriendo.

También el juntar el caballo, descrito anteriormente, puede evitar que quiera salir corriendo en los ejercicios de mayor reunión, cuando el caballo quiere evadir el emplearse más a fondo, yendo más rápido. Si se le cuadra en la parada, y para con los posteriores bien debajo, no puede correr inmediatamente hacia adelante. Antes de que empiece a ir más rápido hay que acabar el ejercicio. Si siempre se inicia un ejercicio reunido cerrando al caballo, al poco tiempo se olvidará de que en realidad quería evadirse corriendo de esta lección.

Alternar las fases del trabajo

Durante el trabajo se pueden alternar fases con riendas de atar y otras sin. Sobre todo cuando se nota que el caballo empieza a mostrar tensión o cansancio. Un intervalo al paso sin riendas fijas relaja al caballo. Si durante este descanso se muestra excitado y apresurado al paso, se puede intentar dejarle simplemente parado un ratito y después distraerle con otro tipo de ejercicios, por ejemplo, hacerle pasar sobre barras de tranqueo desiguales (véase Entrenamiento de Campo y Caballetes).

Mantener la ligereza

Es importante en la reunión clásica del caballo a la mano (al igual que montado), mantener unos aires de secuencia correcta (tiempos) y con impulsión, así como el desarrollo de la fuerza de soporte del posterior. (Los tiempos y la fuerza del posterior también son importantes para el jinete *western*.) Pero muchas veces se pierde la no menos importante ligereza de un movimiento por un exceso de repetición de un ejercicio determinado o de insistir sobre un problema. No es el objetivo del trabajo que los aires reunidos se vean como un enorme esfuerzo del caballo. Por eso, los ejercicios muy reunidos siempre se deben alternar en seguida con movimientos activos hacia adelante (o incluso simplemente relajados), para que no se conviertan en un esfuerzo para el caballo.

De ahí que es necesario también correr al lado del caballo de vez en cuando, por ejemplo cuando se quiere dar salida, tras un trote muy reunido, avanzado muy poco, a un trote amplio y enérgico hacia adelante. Lógicamente, esto, al principio, se hará en línea recta, con vistas a conservar la regularidad al ampliar. Por esto las riendas fijas deben estar fijadas a la misma longitud. Para ejercicios tan correlativos, hay que calcular bien la longitud exacta de las riendas fijas. Hay que ajustarlas de manera que, al elevarse la nuca durante el ejercicio reunido, no pierdan su influencia del todo, pero al mismo tiempo faciliten que el caballo pueda hacerse más largo en la ampliación.

Según el caballo tenga más dificultad en la reunión o en la amplitud, se puede corregir una cosa u otra ajustando las riendas fijas de una manera u otra. Si el caballo se reúne sin problemas y eleva la nuca, pero tiene problemas para alargarse y ampliar el tranco, se pueden poner las fijas más largas, para no impedírselo. Al contrario, si tiene más problemas con la reunión, se pondrán las fijas más cortas y se pedirá menos amplitud en el alargamiento.

El objetivo del ejercicio, además de desarrollar un movimiento elegante y ligero, es el de aumentar la fuerza motora del posterior que, al flexionar en los corvejones (es decir la función de las articulaciones de la cadera, la rodilla y el corvejón), se tensa como un muelle y se transforma en fuerza propulsora hacia adelante (mayor amplitud) o hacia arriba (mayor elevación). La flexión de los posteriores se consigue con un mayor remetimiento de los mismos, sobre todo el reducir la velocidad y la amplitud. El caballo recibe el impulso del movimiento hacia adelante al remeter los posteriores flexionando los mismos.

La ampliación del tranco, más adelante cuando el caballo esté bien equilibrado, también se puede intentar sobre el círculo. Muchas veces puede ser necesario practicar en el círculo grande: sobre todo cuando el caballo en línea recta tiende a correr, manteniendo el dorso rígido y perdiendo regularidad, o cuando es difícil volver a reunirlo. Como siempre, naturalmente hay que procurar trabajar por igual a ambas manos.

Acabar a tiempo

Además, hay que finalizar un ejercicio cuando el caballo aún tiene fuerza. Así se evita que pierda las ganas si siempre se le exige hasta el límite de sus capacidades. Es muy crítico, cuando se ha de corregir un fallo en un caballo ya agotado, y la corrección en realidad le exige demasiado físicamente.

Ampliar y reducir el tranco se puede enseñar mucho mejor de la mano que montado. De la mano, el caballo puede resolver mucho mejor cualquier dificultad de equilibrio o regularidad, que suelen surgir con esto, primero sin el peso del jinete. El caballo se tensa menos en los alargamientos; si pierde regularidad, no ha de luchar encima con un jinete que (por ello) pierde el equilibrio. Esto precisamente ocurre a menudo al entrenar los alargamientos al trote montados, sin trabajo preparatorio a la cuerda.

Movimientos laterales

Para enseñar los movimientos laterales, como por ejemplo espalda adentro al paso y al trote, las riendas de atar facilitan las cosas. La limitación, sobre todo de la rienda exterior, impide que el caballo simplemente camine recto con el cuello torcido, en vez de mover las extremidades lateralmente. Así, el domador puede concentrarse más sobre el posterior y la regularidad, sin tener que observar todo el rato el cuello y la espalda.

Trabajo del posterior

Un buen ejercicio para el desarrollo y la flexión del posterior consiste en los pasos atrás, y desde ahí partir al paso, al trote y, finalmente, al galope.

A diferencia del enviar hacia atrás en el entrenamiento de la dominancia, aquí vuelven a ser útiles las riendas de atar para mantener la rectitud del caballo, cuando el domador se encuentra a su lado o en el centro del círculo en vez de delante del caballo. Mediante ligeros cambios de posición, el domador actúa frenando o empujando.

Perfeccionamiento del lenguaje corporal

Si en el entrenamiento de la dominancia se hace parar al caballo mediante un paso hacia la grupa, o sea haciendo ceder el posterior, evidentemente en el trabajo avanzado con reunión esto no se puede hacer de la misma manera.

Además del paso en dirección a la grupa, en el entrenamiento de la dominancia el domador al mismo tiempo ha usado claramente sus brazos, para enseñar la dirección al caballo. Y el caballo, además del lenguaje corporal y las maniobras de cesión básicas, también ha aprendido las órdenes verbales que deberá obedecer sin problemas. Es decir, reacciona ante palabras como parada, trote, atrás, etc., que se usan para encuadrar al caballo mediante el ramal o la cuerda larga por adelante y con las ayudas de fusta o tralla por detrás.

Ahora el domador puede parar su caballo con la voz y, al mismo tiempo, apuntar con la fusta hacia el posterior interior. Esto sustituye al paso en dirección a la grupa, cuando el caballo ha aprendido a reaccionar ante más sutileza. Pero también puede elevar la mano del ramal y mostrarla ante la cabeza del caballo, y como refuerzo mover la tralla ante la nariz del mismo. Un fuerte movimiento ondular con la cuerda, es decir un tirón de la cabeza, sirve de castigo cuando el caballo no reacciona en seguida ante la orden de parada. Hay que evitar, al hacerlo, el tirar con la cuerda hacia uno ya que el caballo sólo debe parar, no entrar en el círculo.

El movimiento ondular de la cuerda más bien debe tirar de la cabeza del caballo hacia abajo. (Esto también se puede practicar antes sin caballo, por ejemplo con un ayudante que toma un cabezón de cuadra con la cuerda puesta, entre las dos manos, alejarse a un par de metros y probar de dar dirección al movimiento ondular. La persona que da cuerda podrá ver el resultado muy bien, ya que el cabezón en manos del ayudante queda bastante móvil y se estirará hacia dentro, cuando la cuerda se tira demasiado hacia uno mismo.)

Pasos atrás y partir hacia adelante a la cuerda

Los pasos atrás a la cuerda se preparan reforzando las ayudas de la parada (fusta delante de la nariz y ligero golpe de la cuerda), y, naturalmente, con la orden verbal de «atrás». La fusta delante de la nariz, como ya se ha indicado, en ocasiones significa cambio de mano, es decir cambiar la cuerda y la tralla de mano.

De esta manera, ahora se puede hacer parar el caballo sobre el círculo, hacerle dar unos pasos atrás y volver a partir hacia adelante al paso, más adelante al trote o galope, sin moverse del centro. En este caso puede retroceder ligeramente incurvado y así trabajará más el pie interior.

Poniéndose el domador al lado del caballo se pueden practicar las ayudas hacia atrás y hacia adelante con poco intervalo sin dificultad. Así se puede enseñar la sucesión de un número de pasos hacia atrás, hacia adelante, y nuevamente hacia atrás. Este movimiento es difícil de coordinar para el caballo, ya que debe cambiar la secuencia de sus pasos (cuatro tiempos en el paso hacia adelante, dos tiempos en los pasos atrás.) Al principio es más fácil intercalar una parada suficientemente larga entre los movimientos hacia adelante y hacia atrás.

Piruetas

Las piruetas también se pueden entrenar según el sistema clásico –más lento–, como se describe en el párrafo siguiente sobre Lecciones de Reining. Si hace falta el uso de riendas de atar, dependerá de cada caso.

La culminación de la reunión de la mano es desarrollar el piaffer y el passage pie a tierra, así como finalmente los saltos de Alta Escuela. Pero éstos se salen del contexto de este libro. Como excepción se describe el paso español en el capítulo de Números Especiales.

Lecciones de reining

El caballo *western* también se puede entrenar de la mano o a la cuerda para muchos ejercicios específicos. En este caso no se usarán riendas artificiales.

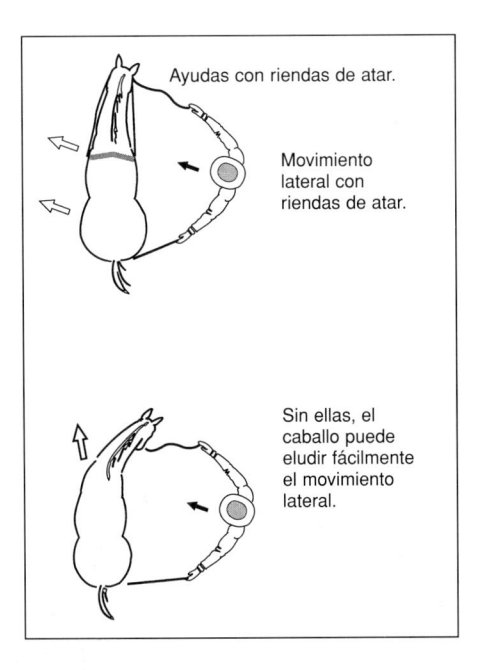

Spin

El entrenamiento de la cesión del anterior del caballo ya prepara la enseñanza de la pirueta y, de ahí se llega a la ejecución del *spin*, más veloz. Aquí se mantiene el extremo de la cuerda en la otra mano, para lograr una mayor velocidad en el movimiento sin impedir el camino del domador (véase el dibujo).

Lo difícil es observar al caballo y al mismo tiempo poder corregir la posición de uno mismo en este movimiento rápido.

Es útil, para iniciar la pirueta o el *spin*, poner la mano con el ramal lateralmente de la boca del caballo, moviéndolo un poco (similar al movimiento ondular), para atraer su

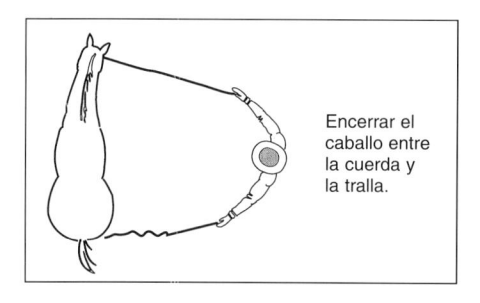

Práctica

Encerrar el caballo entre la cuerda y la tralla.

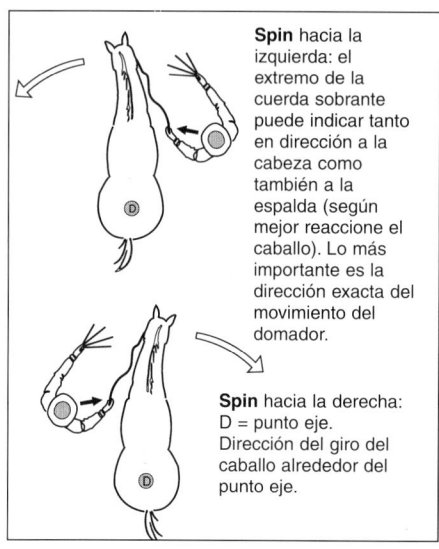

Spin hacia la izquierda: el extremo de la cuerda sobrante puede indicar tanto en dirección a la cabeza como también a la espalda (según mejor reaccione el caballo). Lo más importante es la dirección exacta del movimiento del domador.

Spin hacia la derecha: D = punto eje. Dirección del giro del caballo alrededor del punto eje.

atención sobre el siguiente movimiento del domador en dirección a la espalda del caballo. Además, este movimiento del ramal obliga al caballo a estirar el cuello ligeramente y flexionar en dirección al giro. Así se facilita que pueda moverse lateralmente.

Si queremos que el caballo efectúe un *spin* hacia la derecha, el domador se pone al lado izquierdo del caballo, toma el extremo del ramal en la mano izquierda, y con la mano derecha mueve la cuerda en dirección a la nariz del caballo, para llamar su atención y posicionarlo hacia la derecha. Ahora el domador se mueve con firmeza en dirección hacia la espalda del caballo. Si ahora éste sólo aparta la cara, estamos demasiado por delante (corregir la dirección del movimiento del propio cuerpo hacia la derecha, en dirección a la grupa). Si el posterior se aparta lateralmente al mismo tiempo, estamos demasiado atrás (corregir la dirección del movimiento del propio cuerpo hacia la izquierda, en dirección al cuello).

Parar a tiempo

Al principio hay que conformarse con medias piruetas, y más adelante se avanza sólo lo justo que el caballo pueda realizar, sin interrumpir la fluidez del movimiento. Pronto se darán resistencias o diferencias de velocidad que descubrirán el lado más difícil, más rígido del caballo, y de cuyo lado aún se deberá progresar más despacio.

Siempre es aconsejable detener el ejercicio antes de que el caballo empiece a vacilar. Tras varios intentos se sabrá cuánto puede girar y el domador debe parar unos pasos antes, simplemente deteniéndose en seco.

De este modo se mantiene el deseo de ir hacia adelante en el movimiento deseado. De otro modo, el caballo sabe que le empujan hasta que no puede más y pierde la regularidad o, finalmente, reacciona resistiéndose.

El hecho de interrumpir el ejercicio marca una clara diferencia entre este trabajo avanzado y el entrenamiento de la dominancia básica. Ahora se exige calidad en el movimiento, antes sólo la cesión, ya sea regular o vacilante o elegante; sólo la dirección importaba y el caballo debía reaccionar con rapidez.

En el trabajo avanzado también se debe poder dirigir la regularidad y la calidad de los ejercicio.

Roll back

El *roll back* se enseña mejor en el picadero circular y en libertad.

El caballo reacciona únicamente ante la posición del domador. Aun así, es aconsejable el uso de una tralla corta o un trozo de cuerda para mover, para reforzar la posición corporal. El *roll back* se puede entrenar tanto de cara a la valla como al revés (también se enseña montado al principio).

Cara al domador: Supongamos que el caballo va a mano derecha. El domador da un paso hacia la grupa. El caballo se para y le mira. Si el domador ahora da un paso atrás, el caballo dará un paso hacia él. En este momento, el domador da un paso de lado (hacia la derecha), desde ahí apunta entre espalda y abdomen y nuevamente da un paso hacia adelante (con ello el caballo es enviado nuevamente sobre el círculo). Ahora se encuentra a mano izquierda. Al mover la cuerda en la mano se puede estimular la velocidad, por lo que el caballo sale con rapidez del cambio de mano.

Éstas son las ayudas para el cambio de mano normal. Si se hace con mucha rapidez y se acorta cada vez más la segunda fase (el hacer entrar al caballo) hasta que sea casi inexistente, entonces obtenemos la pirueta de la monta clásica. Si, más adelante, se ejecuta a galope, tenemos la base para el *roll back*, un movimiento fluido, saltado, cambiando la mano del galope.

Esta forma de enseñar el *roll back* no es del todo aconsejable, ya que hay demasiada similitud con el cambio de mano normal y puede interferir con la enseñanza del cambio de pie más adelante, como veremos después.

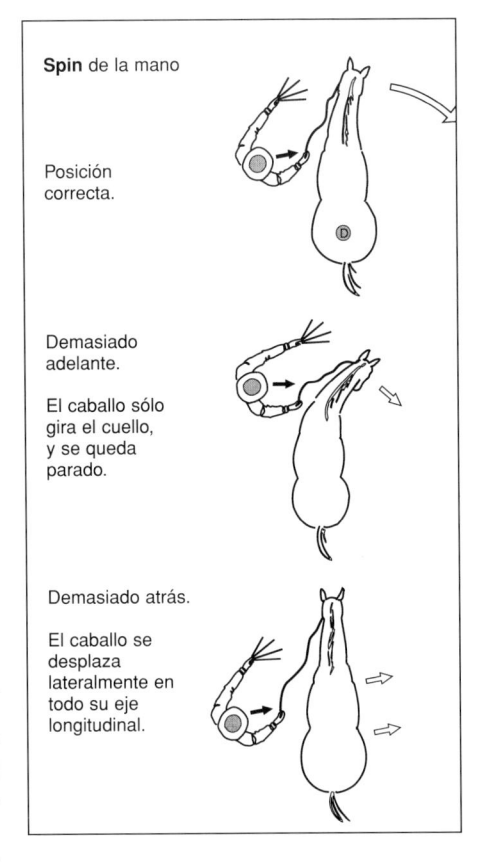

Spin de la mano

Posición correcta.

Demasiado adelante.

El caballo sólo gira el cuello, y se queda parado.

Demasiado atrás.

El caballo se desplaza lateralmente en todo su eje longitudinal.

Cara a la valla: El caballo se encuentra a mano izquierda, por ejemplo. El domador ahora lo hace parar dando un paso hacia la izquierda y varios hacia adelante, ante la cara del caballo. De esta manera –y no sólo haciendo ceder el posterior– también puede bloquear el movimiento hacia adelante. Ahora se acerca más al cuello del caballo, moviendo la fusta un poco, o el trozo de cuerda, el caballo gira la cabeza y el cuello hacia el exterior, en dirección a la valla y muestra su espalda izquierda al domador. Éste se aproxima más hacia esa espalda. El caballo cede, es decir, gira hacia la derecha.

112 Práctica

Spin de la mano.

Mal: el domador se adelanta demasiado.

Ahora se encuentra a mano derecha, con el domador lateralmente detrás de sí. El domador vuelve al centro del círculo. Con la voz, o moviendo la tralla, incita al caballo a moverse más rápido. Este aumento de la velocidad inmediatamente después del giro, al perfeccionar los detalles del movimiento, con el tiempo facilita un giro fluido, del cual el caballo sale en un salto.

Igualmente, el mostrarle la tralla corta ante la cabeza del caballo, en combinación con una orden verbal, le hace parar. Si se trabaja con tralla, apenas hay que moverse para parar al caballo y hacerle girar.

En este giro el caballo naturalmente pone el posterior algo hacia el interior, es decir hacia atrás, ya que de otra manera no podría girar ante la valla. Para entrenar el *roll back,* este paso atrás no afecta para nada, ya que además pone al caballo sobre el posterior, por lo que aumenta su fuerza motora hacia adelante para salir desde el giro.

Al cabo de un tiempo el caballo sabe de qué va y gira por sí solo sobre los posteriores, cuando se le bloquea por delante.

En todos estos ejercicios avanzados siempre hay que procurar claridad y cada vez mayor diferenciación del lenguaje corporal, para no confundir al caballo. Hay que evitar la doble interpretación de ciertos gestos específicos de este lenguaje que, por ejemplo, pueden significar tanto una parada, como también una parada más un giro del caballo. Sin embargo, dos señales que piden la misma reacción o una similar por parte del caballo no son problema, por ejemplo hacer parar al caballo bloqueándolo por delante, o haciendo ceder el posterior.

Así distinguimos, por ejemplo, la parada simple, sin que el caballo se gire hacia el domador: se pide dando un paso hacia la grupa, con una señal del brazo, con o sin fusta o cuerda giratoria hacia la espalda del caballo. Parar y girar hacia el domador:

Roll back: giro de cara a la valla... ... y arranque impulsivo del posterior.

sólo con un paso hacia la grupa. El caballo sólo debe venir hacia el domador, cuando éste le invita a hacerlo dando uno o varios pasos hacia atrás. Cuánto puede acercarse dependerá del número de pasos hacia atrás que dé el domador. Y así sucesivamente.

Hay que establecer una «riqueza de lenguaje» propia para el manejo de su caballo. Al aumentar la confianza entre domador y caballo ya no tiene tanta importancia qué señal se da, sino que siempre sea la misma, que el caballo la comprenda y sepa distinguirla de otros significados.

Por consiguiente, hay que pedir siempre el *roll back* cara a la valla, por ejemplo, y el cambio de mano sólo haciendo venir al caballo hacia uno. De este modo no se crea confusión.

Cambio de pie

También el cambio de pie en el aire se puede enseñar de la mano (véase dibujos de pág. 115).

En el fondo no es más que un cambio de mano, que se ensaya primeramente al paso y al trote, para que el caballo sepa a dónde va. Aquí nuevamente resulta más fácil el trabajo en libertad en el picadero circular, para concentrarnos en nuestro propio lenguaje corporal, sin tener que manejar además la cuerda, lo cual, en un cambio de mano rápido, sería complicado.

La ventaja de enseñar el cambio de pie sin jinete es obvia: el caballo tiene menos problemas de equilibrio sin él. El domador no le molesta en la fase del cambio saltado en el aire.

Naturalmente, esto no se consigue a la primera. Quizás el caballo cae al trote, o cambia a medias. Al principio no importa. Simplemente se vuelve a intentar. Si el caballo se acelera tras el cambio, tampoco pasa nada; las dimensiones reducidas del picadero circular le corrigen en seguida. Ya que el caballo no se ve impedido en su equilibrio por unas riendas de atar no se pone tenso ni coge miedo ante

114 Práctica

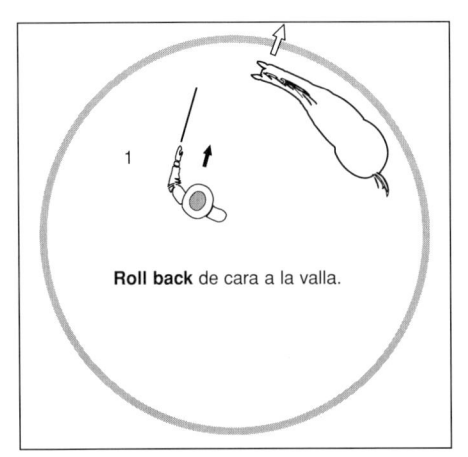

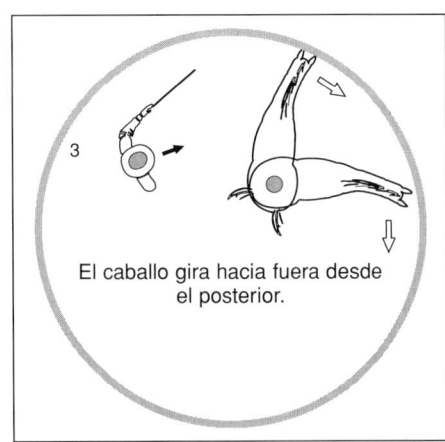

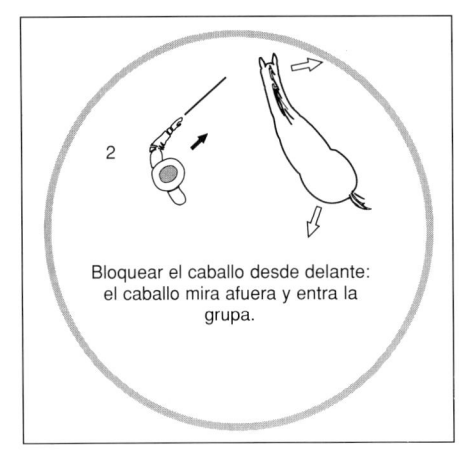

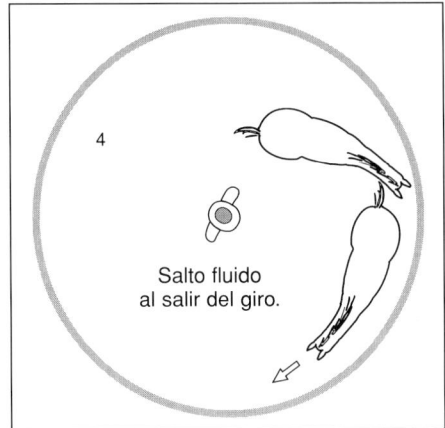

Roll back de cara a la valla.

Bloquear el caballo desde delante: el caballo mira afuera y entra la grupa.

El caballo gira hacia fuera desde el posterior.

Salto fluido al salir del giro.

el cambio. Al enseñarle montado se observa más a menudo cómo el caballo, tras varios cambios o intentos, se anticipa y por miedo ante sus problemas de equilibrio aumenta su velocidad.

Cuando el caballo haya comprendido la sucesión del movimiento y cuando finalmente se coordinen los movimientos del domador y del caballo, entonces funcionará el cambio de pie sin jinete con un caballo que tenga un mínimo de aptitudes.

Obstáculos en el campo de la mano

El caballo se puede controlar perfectamente tras el entrenamiento de la dominancia.

Mediante el ensayo ante diversos obstáculos de campo, se consigue un refinamiento de la colaboración entre domador y caballo, como en la reunión clásica o las lecciones de *reining*.

Práctica 115

Al proporcionarle cada vez nuevas variedades de obstáculos, el caballo mantiene el interés por el trabajo y la atención hacia su domador.

Con este tipo de trabajo de la mano el futuro jinete de pruebas de campo se ahorra muchos problemas, ya que después sólo tiene que repetir los ejercicios montado. Tras el trabajo pie a tierra el caballo ya los conoce, pondrá los pies con cuidado y calculará bien, ya no le entrará pánico si aún alguna vez produce una «ensalada de barras» o se queda atravesado en alguna parte.

A continuación me gustaría dar un resumen de los diversos obstáculos, y de cómo se pueden enseñar tras haber completado el entrenamiento de la dominancia con éxito. Muchas veces puede ser necesario, en vez de trabajar solamente con el lenguaje corporal, usar una tralla corta o fusta larga, por ejemplo cuando se ha de

---

Dibujos de la derecha: Cambio de mano para enseñar el cambio de pie en el aire (aquí del galope a la izquierda al galope a la derecha).

Fase 1: El caballo galopa a mano izquierda. El domador puede frenar el caballo un poco dando un paso lento en dirección a la grupa o poniéndole la fusta ligeramente delante.

Fase 2: El domador retrocede y, con ello, atrae al caballo hacia sí (debe seguir galopando).

Fases 3 y 4: El domador se desplaza hacia la izquierda, deja que el caballo le pase por delante,y, acto seguido, se dirige hacia el centro de la masa del caballo; el caballo cede hacia la derecha y, con un poco de práctica y talento, en este momento debe cambiar el galope.

Fase 5: El domador vuelve a enviar el caballo sobre la trayectoria del círculo.

En el fondo se trata de un «cambio de mano en el círculo» de la monta clásica.

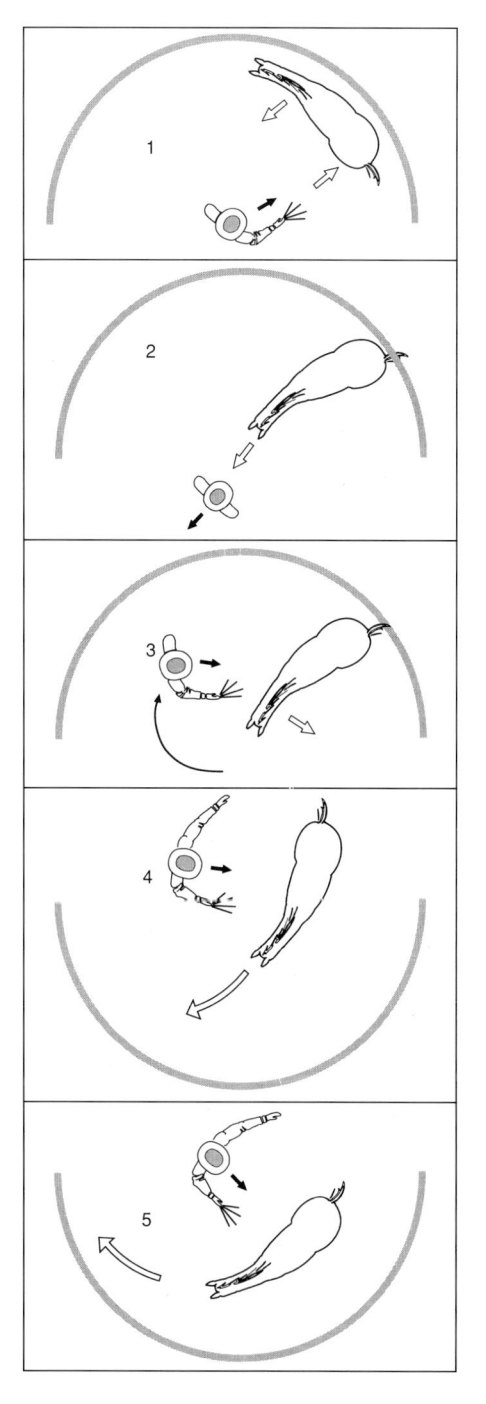

tocar un posterior en la parte baja. Pero principalmente, casi todos los ejercicios se deben poder dirigir únicamente con el empleo del propio cuerpo. Aquí nuevamente vale el principio de minimizar los gestos y las ayudas, como más adelante también se hará montado.

Los ejercicios de campo también son un medio excelente para el trabajo en libertad. Cuando el caballo haya comprendido los ejercicios, se puede intentar dirigirlo entre los obstáculos mediante el propio lenguaje corporal únicamente, sin cabezada ni cuerda. Una exhibición impresionante de la colaboración voluntaria entre hombre y caballo.

Introducir al caballo a un pasillo de barras: A recto y B lateralmente. (Preparativos: véase Entrenamiento de la Dominancia/Fijación.)

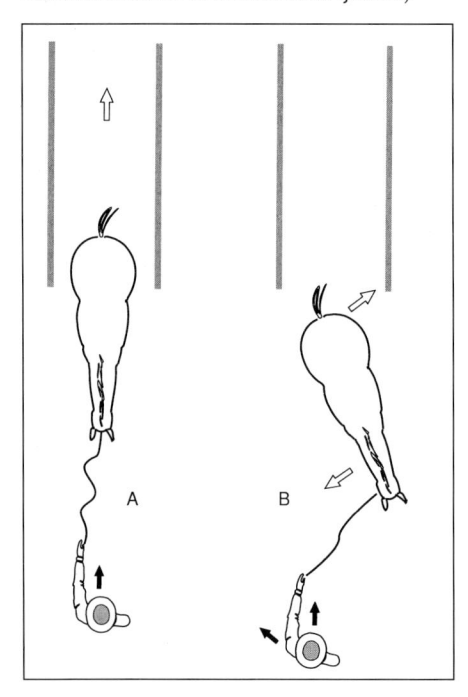

Los ejercicios:

Para todos los ejercicios siguientes se debe guardar una distancia de 1,5–2 m entre caballo y domador. No se debe utilizar ni fusta ni tralla.

Pasos atrás por un pasillo recto de barras

El caballo ha aprendido a retroceder y a seguir atentamente nuestros movimientos. Con nuestra propia posición le indicamos la dirección. Si nos ponemos ligeramente a la derecha de su eje longitudinal, cederá la grupa un poco hacia la izquierda, si nos ponemos a su izquierda, cederá hacia la derecha; el caballo siempre debe mirarnos de frente (con base en su entrenamiento de la dominancia), y quiere (y debe) poder ver nuestras acciones de lleno. Con estas bases en mente, resulta fácil «meter» al caballo marcha atrás entre un pasillo de barras y hacerlo parar en medio.

Más adelante se puede colocar el caballo adrede lateralmente ante la entrada de las barras y enderezarlo antes de entrar.

Hacia atrás en zigzag entre una serie de barriles

Este ejercicio ya es algo más complicado, ya que implica un continuo cambio de dirección. Al principio se le puede dejar más espacio para los cambios de dirección, dejando más distancia entre los barriles. Más adelante se acorta la distancia y se exige una maniobra más precisa.

Determinar la posición

La posición de caballo y domador se puede estudiar mejor a base de los dibujos. El caballo siempre está con su eje longitudinal frente al domador (véase Fijación del entrenamiento de la dominancia). La posición correspondiente del domador se deduce en consonancia, si nos movemos hacia un punto que se halla proyectado sobre el nuevo eje longitudinal y a una distancia de 1,5–2 m de la cabeza del caballo. Esto suena terriblemente matemático. Pero tras los primeros intentos, hará sus propios movimientos sin pensarlo demasiado; notará si lo hace correcto o no al comprobar que el caballo responde del modo deseado. Si no lo hace, aún no se ha fijado lo suficiente el entrenamiento de la dominancia (el caballo no presta atención), o bien el lenguaje corporal y/o la posición del domador no son suficientemente claros.

Hacia atrás por un pasillo en forma de L

Este ejercicio en el fondo no es más que una variedad de los obstáculos en zigzag.

La dificultad consiste en que una maniobra tan precisa con cambios de dirección en ángulos rectos es muy exigente. El caballo no debe precipitarse. Esto se evita si el domador se mueve lentamente. El cambio de posición del domador así se convierte en un lento trabajo de precisión. Con la práctica se hará más por intuición sin perder de vista al caballo.

Muchas personas, al principio, cometen el error de moverse demasiado rápido en este tipo de obstáculos de campo, quizá por el deseo inconsciente de acabar cuanto antes este obstáculo complicado. Esto viene del hecho de que –incluso tratándose de meros ejercicios– al desear la perfección, se quieren resultados rápidos. Hay que olvidarse de esto. Sólo hace falta un poco de seguridad en sí mismo para ignorar los eventuales espectadores ante un ejercicio malogrado. Al caballo le dan igual estos fallos, siempre y cuando no se le castigue por un fallo que ha provocado uno mismo por una posición errónea o por un lenguaje corporal confuso. Y se trata solamente del caballo. Sólo el caballo debe poder comprender lo que se desea, no los que están mirando al borde de la pista riéndose.

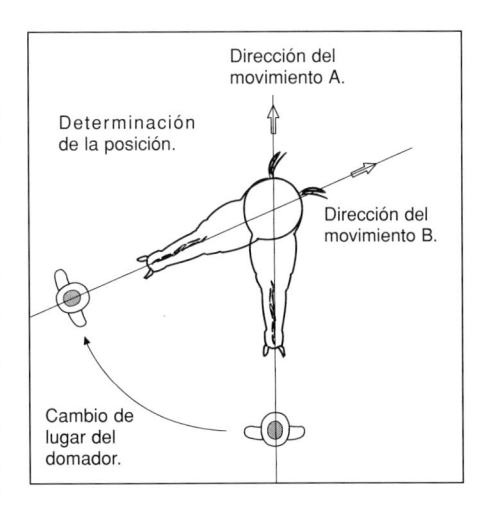

Siempre que el caballo no reacciona, no por un fallo del domador, sino que mira el paisaje distraído, entonces se usará el extremo de la cuerda giratoria para volver a llamar su atención. Cuando se tenga un poco de experiencia con estas lecciones le sorprenderá lo fácil que es en realidad.

Lateralmente sobre una barra

Para esto nos podemos acercar un poco más al caballo. El domador se pone al lado del caballo, detrás de la espalda. El punto exacto para que el caballo ceda en un ángulo de 90 grados –nuevamente no más con el posterior que con el anterior– se ha de descubrir con la práctica. Si ha encontrado la posición, el domador se

118 *Práctica*

4. Pasos atrás.

5. El posterior cede hacia la derecha, por lo que el tercio anterior viene hacia la izquierda.

2. El posterior cede hacia la izquierda.

3. El tercio anterior viene hacia la derecha.

1. pasos atrás.

Marcha atrás por un recorrido en zigzag de barriles o similares: Posiciones del domador tras haber concluido la fijación.

Dirección deseada.

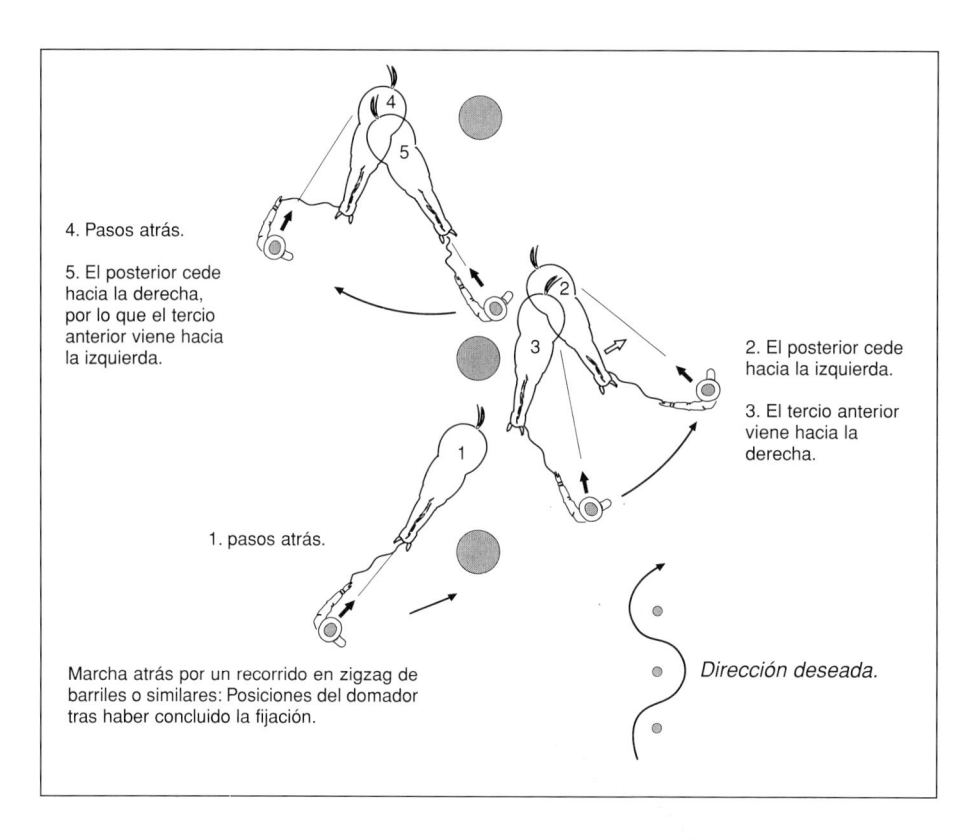

pondrá en movimiento hacia el caballo. Este movimiento ahora no debe ser tan rápido y decidido como en el entrenamiento de la dominancia, ya que el caballo debe ceder lentamente y de manera controlada. Incluso el extremo giratorio de la cuerda se debe usar con moderación. Además, puede hacer falta darle alguna pequeña indicación adicional al caballo para que sólo ceda lateralmente, moviendo suavemente el ramal bajo su barbilla y con una orden verbal como «arriba» o «ven», etc.

Lateralmente sobre barras en ángulo

Este ejercicio consiste en una combinación del movimiento lateral y el giro sobre las manos y la pirueta sobre el posterior, según en qué dirección se ejecuta. Las posiciones adecuadas se deducen de los dibujos. De todas maneras, hay que dominar bien el movimiento lateral sobre la barra aislada antes de lanzarse a estos ejercicios compuestos. Para iniciar el giro sobre las manos, el domador se mueve en dirección a la grupa del caballo, apuntando –como al entrenar la cesión– hacia el pie interior, pero más lento y controlado. Para iniciar la pirueta sobre los posteriores, se dirige hacia la espalda. Aquí hay que vigilar que el caballo no se doble alrededor del domador. Debe seguir prácticamente recto en su eje longitudinal. Si gira el cuello demasiado se puede

Práctica 119

Para estos ejercicios el caballo debe responder lo suficiente ante las señales corporales del domador, de modo que no haga falta el uso de la fusta o la cuerda todo el rato.

Marcha atrás por una L.

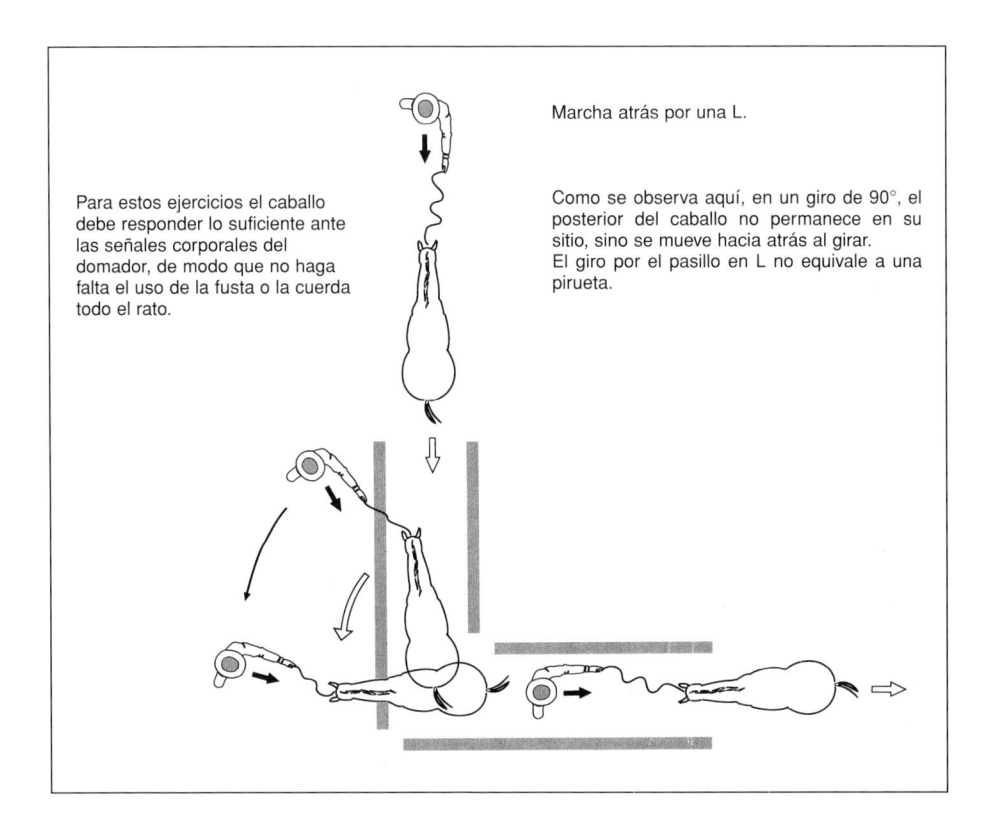

Como se observa aquí, en un giro de 90°, el posterior del caballo no permanece en su sitio, sino se mueve hacia atrás al girar.
El giro por el pasillo en L no equivale a una pirueta.

mover el ramal un poco y la mano que lo sujeta puede inducirle en dirección al giro.

Control absoluto del movimiento

«Ensalada» de barras

Cuando el caballo lleve un tiempo con obstáculos sencillos y los resuelva tranquila y atentamente, se le puede exigir algo más complicado. Se monta, por ejemplo, un laberinto de barras, neumáticos viejos, balas de paja, etc. Se puede utilizar todo aquello que no sea peligroso para el caballo, si llegara a saltar en pánico dentro del recorrido. Al principio, simplemente se pasea el caballo a través del laberinto (de la manera más sencilla: el domador por adelante del caballo). En el centro se le hace parar; allí debe permanecer parado tranquilamente, sin excitarse. Muchos caballos se sienten limitados en su libertad de movimiento por el rompecabezas de objetos en el suelo y reaccionan con miedo y pánico, quieren salir del obstáculo lo antes posible. Si el caballo no tiene el suficiente respeto para su domador, incluso puede intentar pasarle por delante. Esto se ha de impedir por todos los medios. Si surgen dificultades con estos obstáculos extraños, se les puede suavizar en el centro, es decir dejar el paso más ancho.

Si se ha hecho pasar el caballo varias veces, se puede empezar a

120 **Práctica**

Arriba: Marcha atrás por un pasillo en forma de L.

Abajo: Lateralmente sobre unas barras.

Lateralmente sobre unas barras:
Corrección del tercio anterior con movimiento ondular o presión sobre la cuerda. Corrección del posterior con fusta o extremo de la cuerda.

Obstáculo con ángulo:
Lateral y giro sobre las manos.

Al aumentar la sensibilidad, el caballo ya sólo responde ante la dirección que toma el movimiento del domador.

Obstáculo con ángulo:
Lateral y pirueta.

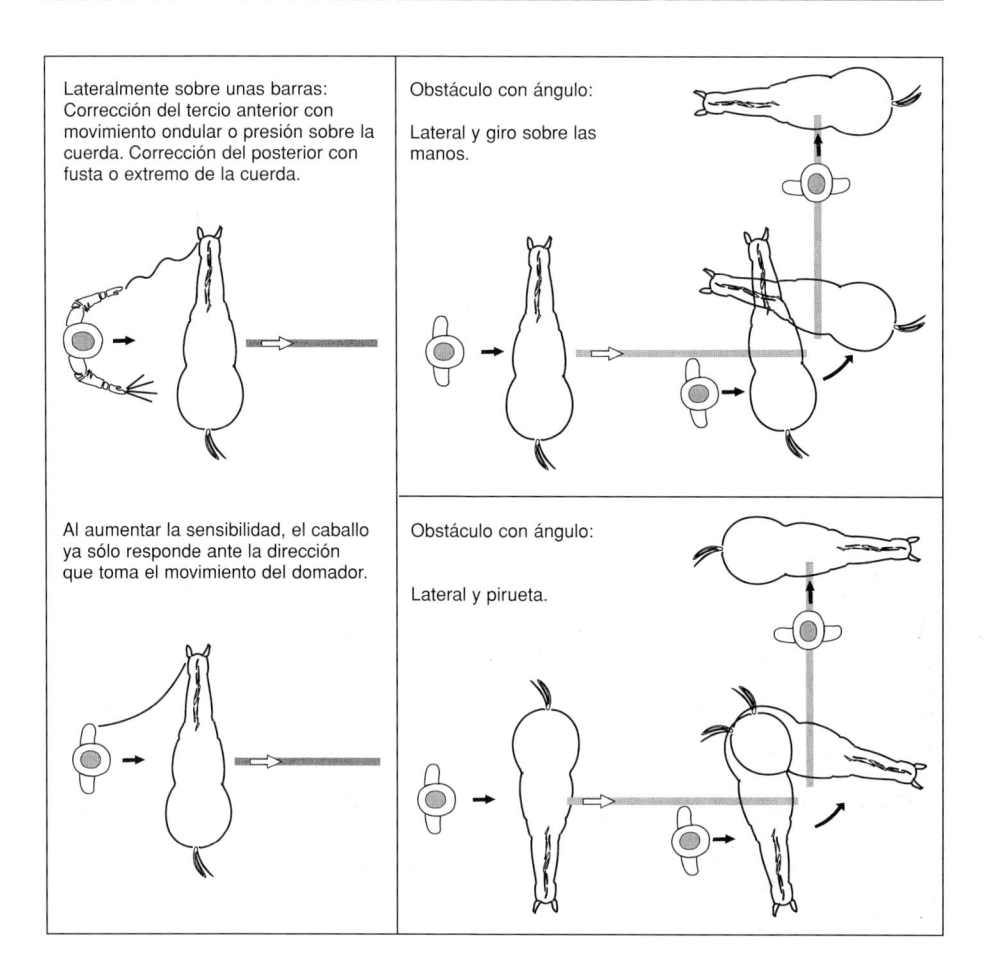

controlar el movimiento. Por ejemplo, se hace que el caballo levante una mano, al dar nosotros un paso hacia adelante, e inmediatamente se interrumpe el movimiento, al pararnos en seco. El caballo ahora debe buscarse un sitio libre, donde volver a poner la mano. Cuanto más estrecho sea el paso, más tendrá que prestar atención. Cuando vuelva a estar parado con los cuatro pies, se continúa el ejercicio: un paso hacia adelante, e inmediatamente volver a parar.

Más adelante, se hace pasar al caballo solo por el laberinto y el domador se queda fuera. Ahora igualmente se puede hacer parar el caballo en medio de un movimiento, con un gesto ondulante del ramal. Además, por supuesto, se puede usar la voz, con la orden «alto» u «ho». Aunque el ejercicio queda más bonito sin la voz.

El objetivo de este ejercicio es llegar a controlar cada movimiento del caballo, incluso cuando la situación no le inspira confianza, una medida para crear cada vez mayor confianza

Arriba: *Lateralmente sobre un obstáculo con ángulo. En la ilustr. 3 el caballo gira el cuello al revés.*
Abajo: *Ground tying («clavado al suelo»).*

por parte del caballo. Una lección excelente para el futuro caballo de pruebas de campo, en la cual aprende a esperar las ayudas del domador/jinete y no acabar con el obstáculo temible de prisa y corriendo.

Para realizar este tipo de ejercicios se pueden usar lonas, mantas, pelotas de colores, todo tipo de cosas que pueden dar miedo al caballo. Y al mismo tiempo nace la idea de una bonita exhibición.

Ground Tying

La expresión significa algo así como «atar al suelo»; el caballo debe aprender a quedarse parado inmóvil, en libertad, ante una señal del domador. Lo ideal es que el caballo permanezca inmóvil hasta que el domador le dé la orden contraria y que puede alejarse del caballo. Si el caballo le sigue, el domador toma el ramal y lo envía hacia atrás con un movimiento ondular.

La señal puede ser que se deje el ramal en el suelo. Si el domador ahora quiere alejarse, debe darle a entender al caballo, con una orden verbal adicional, que no le debe seguir, como en el entrenamiento de la dominancia.

El *ground tying* es un ejercicio de las pruebas de campo *western*, para comprobar la calma y obediencia de los caballos en competición. También sirve perfectamente cuando se tiene que dejar suelto al caballo por un momento (para intervalos más largos no es lo más indicado y por razones de seguridad, siempre aconsejaría atar al caballo).

Pero, desde luego, se puede aplicar un rato prolongado, por ejemplo cuando se cepilla al caballo. De esta manera no hace falta atarlo para los cuidados diarios. El caballo, aun sintiéndose libre, debe saber si ha de permanecer inmóvil o no. Lo importante y útil que puede llegar a ser esta falsa libertad queda claro en el siguiente ejemplo:

Teníamos problemas con una yegua, que cada vez que se le herraban los posteriores reaccionaba con pánico. Si se herraba dentro del box, como se suele hacer a menudo con caballos de carreras, iba algo mejor, pero resultaba complicado y laborioso.

Finalmente se me ocurrió la idea de dejar la yegua suelta en el patio (de reducido tamaño) donde se la suele cepillar, para herrarla. Al principio echaba a andar un par de metros, varias veces, al intentar levantarle un pie. Pero pronto comprendió que estaba suelta y podía hacer lo que quisiera, por lo que se quedó parada incluso al herrarle los pies. El sistema no evitaba que siguiera protestando al herrarla de atrás, pero desaparecieron los ataques histéricos en los que apenas se podía controlar la yegua. Al cabo de cuatro meses incluso dejó de protestar. Actualmente se deja herrar sin problemas.

Obstáculos difíciles

Finalmente, se podrá hacer pasar al caballo por obstáculos simulados (reconstruidos en la pista) y auténticos de campo. Esto en el supuesto de que también desee trabajar al caballo de la mano en el campo, en vez de montarlo. (Sobre todo en invierno el trabajo pie a tierra en el exterior es agradable, ya que evita el quedarse congelado a caballo, y al mismo tiempo es un trabajo útil.)

Para el futuro jinete de paseo este entrenamiento resulta de suma importancia.

Aquí entran cuestas más o menos inclinadas, agua, puentes, obstáculos naturales, saltos arriba y abajo, como el banco y sus derivados, como el «agujero en la tierra» donde el caballo debe saltar dentro. Es primordial que se pueda enviar al caballo alejado del domador de manera dirigida –incluso en curvas–, como se ha descrito en el entrenamiento de la dominancia.

El caso es que, en la mayoría de los casos, al entrenar este tipo de obstáculos, el domador no puede ni debe encontrarse adelante del caballo; el peligro de que éste se salga en un momento dado y salte incontrolado es realmente grande. Un momento de duda, girarse, o un intento de rehusar ante el obstáculo temible, pueden poner al caballo peligrosamente cerca del domador. Por consiguiente, es aconsejable no encontrarse demasiado cerca, un punto a favor del trabajo a distancia.

Bajadas y escalones

Se puede empezar con un leve desnivel, no demasiado inclinado, sobre el cual se envía a pasar al caballo –en línea curva– y nuevamente abajo. Esto se hace con el ramal largo o, si se necesita más distancia, la cuerda larga. Al principio no se deben dejar más de 3-4 m entre caballo y domador para que quede a nuestro alcance.

El procedimiento es el mismo que cuando se envía el caballo en círculo alrededor nuestro. El domador suele estar parado en un punto y hace mover al caballo mediante las ayudas de sus gestos, su lenguaje corporal.

124 *Práctica*

Por ejemplo: el caballo debe andar en círculo a mano derecha por los lados de la elevación. (Observe el dibujo de pág. sig.)

El domador envía al caballo unos pasos atrás y después coloca el tercio anterior hacia la derecha, al señalar con el brazo derecho estirado en la dirección deseada. Para ello ejerce algo de presión sobre la cabeza del caballo. Una vez que el caballo coloque cabeza y cuello en la dirección deseada, el domador apunta con el extremo de la cuerda (o la fusta, si lo prefiere) hacia la espalda del caballo, y así hace ceder el tercio anterior hacia fuera. El caballo ahora se encuentra en la dirección deseada del movimiento. Al apuntar con el extremo de la cuerda o la fusta por detrás de los posteriores, el caballo se pone en marcha. Si intenta negarse y quiere volver hacia nosotros, con un paso en dirección al centro de la masa del caballo (el punto al que hay que dirigirse para el correcto movimiento lateral), se le vuelve a enviar hacia fuera.

El domador igualmente puede enviar al caballo lateralmente por delante de sí, como si quisiera volver a mandarle desde el centro, hacia la parte exterior del círculo. Prácticamente le da cuerda sobre el montículo de tierra. Si hay suficiente espacio alrededor, éste es el sistema más sencillo.

Si el caballo debe descender por una bajada más fuerte, también se le puede enviar desde arriba. En este caso se empleará el método de dirigir el caballo desde atrás. Para ello debe emplearse una cuerda larga, para que tenga suficiente alcance si el caballo baja rápidamente.

Si más adelante se llega a usar un banco, una hondonada, o saltos hacia arriba y abajo (escalones), para enviar al caballo a pasar por encima o enviarlo hacia abajo estando el domador arriba, da igual.

Si funciona el principio básico, funcionan todos los derivados. Cara a graduar la dificultad con inteligencia y facilitar el trabajo, no hay que empe-

Enviar el caballo a pasar por una lona.

zar con obstáculos que claramente inspiren miedo al caballo. Naturalmente muchos de estos obstáculos temibles no salen a relucir hasta que se esté en ello –entonces hay que pasar (sin perder la calma y sin asustar al caballo).

Marcha atrás arriba y abajo

Cuando se pueda enviar el caballo hacia adelante sobre distintos obstáculos, se podrá comenzar a hacerlo retroceder hacia arriba y abajo.

Para este fin se usarán pendientes suaves y escalones pequeños sin cantos muy marcados.

Sobre todo los escalones son muy exigentes para el caballo. Hay que tener en cuenta que éste no puede ver nada justo detrás de sí. Por consiguiente, debe confiar en que el domador no lo va a mandar al vacío. Para ello hace falta una total confianza. Cuánto se tiene que fiar el caballo de nosotros, lo puede comprobar uno mismo en sus propias carnes, si se deja llevar por un ayudante en el campo, con los ojos vendados. El experimento es aún más interesante cuando el ayudante intenta llevarnos con un mínimo de ayudas. Esto conlleva que el «ciego» debe concentrarse cada vez más en la persona que lo guía. De hecho éste es el mismo efecto que buscamos al minimizar las señales en el trabajo de pie a tierra y las ayudas del jinete montado; el caballo se concentra cada vez más en su domador.

Pero volvamos al entrenamiento para el campo:

Enviar el caballo a subir una suave pendiente sin demasiados escalones o desniveles no causará grandes problemas, ya que en ningún momento sus pies pierden contacto con el sue-

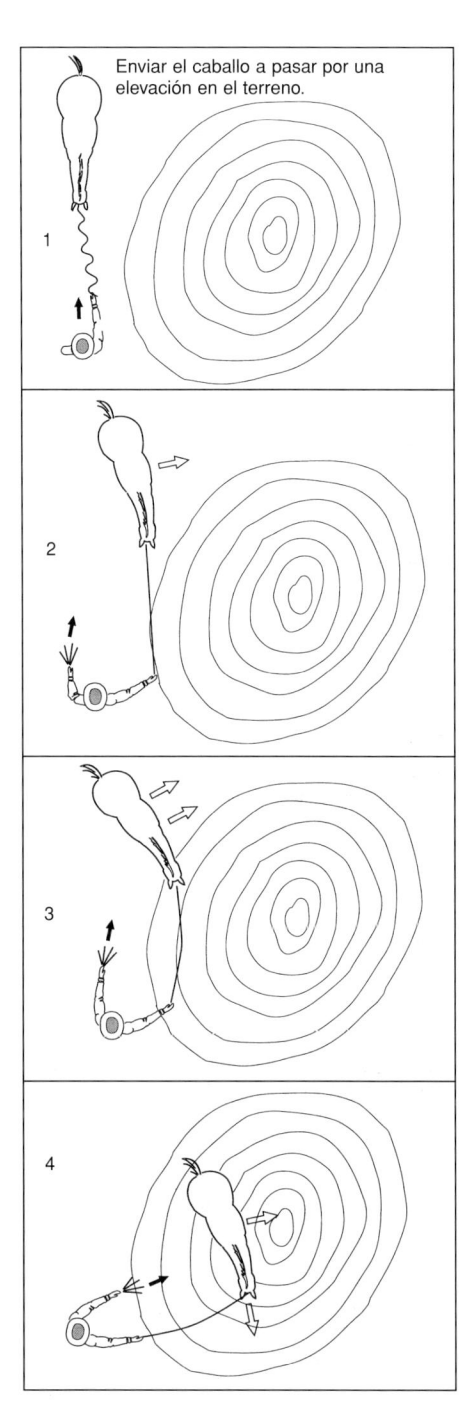

Enviar el caballo a pasar por una elevación en el terreno.

Control del caballo sobre una lona. *Parar el caballo en medio de un obstáculo.*

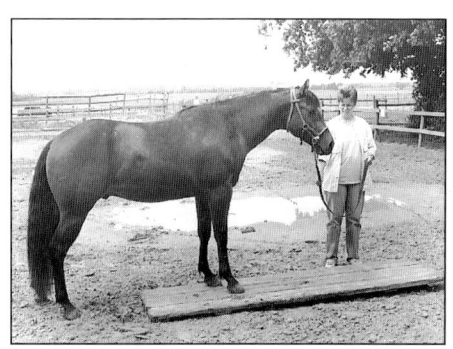

lo. El enviarlo hacia abajo puede dar más problemas.

Se empieza nuevamente con una pendiente suave, en cuya cima el domador se puede poner delante del caballo. Ahora el domador envía el caballo a retroceder, con el movimiento ondular de la cuerda. El caballo vacilará, cuando note el vacío bajo sus posteriores e intentará moverse hacia adelante. Ahora se debe interrumpir este movimiento y no forzar los pasos atrás. El caballo necesita tiempo para superar su inseguridad; finalmente palpará cuidadosamente con el pie hasta tocar tierra, la mayoría de las veces, aún sin apoyarse demasiado sobre ese pie. Luego se le deja parado un momento para que pueda digerir lo sucedido. Si el caballo se muestra tranquilo y satisfecho se pueden intentar unos pasos más, hasta que esté abajo otra vez.

Más adelante se puede escoger una pendiente más inclinada y repetir el procedimiento.

Escalones marcha atrás

Es realmente difícil cuando una pendiente presenta pequeños escalones. Si queremos hacer retroceder al caballo por un escalón hay que comenzar con un desnivel muy pequeño (14-18 cm). De ninguna manera debe tener un canto puntiagudo, ya que el caballo rozaría más de una vez en la cuartilla. El caballo no puede saber la altura del escalón, por lo que debe ir probando para saber cuánto debe levantar el posterior a fin de poder dar el paso atrás que le exige el domador.

Al principio el caballo estará totalmente confundido. Cada vez que levanta el pie, toca un obstáculo –y debe pensar que no se puede ir hacia atrás– por lo que pone en duda la petición del domador. Éste ahora no debe abandonar el ejercicio bajo ningún concepto ya que sería una pérdida de confianza. El caballo ha cuestionado una orden del domador, lo ha considerado imposible de realizar y ha actuado por decisión propia. Desde ese momento, lo hará más a menudo.

Pero si el domador sigue intentando con paciencia que el caballo dé un paso atrás hacia arriba, en algún momento levantará el posterior lo suficiente para poder superar el escalón y volver a tocar tierra. No pondrá el pie inmediatamente arriba pero se habrá dado cuenta de que la petición del domador no es imposible.

Enviar el caballo a retroceder cuesta abajo.

El domador tampoco debe ahora pensar que el resto es pan comido. Debe darle todas las facilidades para palpar cuidadosamente el terreno y no impedirlo si le tira demasiado.

Un buen ejercicio en la pista consiste en enviar al caballo marcha atrás sobre una barra en el suelo. En este caso también nota un obstáculo para lo que se le ha pedido. Tiene la duda entre hacer lo que le pide el líder de la manada, el domador, y lo que le parece factible. Como no puede cuestionar lo que le manda el líder de la manada (al menos, si se ha fijado su autoridad), se le debe ocurrir algo para resolver el dilema. La solución está en levantar más los pies. El razonamiento del caballo (dicho de forma humana) será algo así: incluso cuando la orden parecía imposible de ejecutar, hay un medio para realizarlo. Un paso más hacia la total confianza.

Más difícil todavía es el paso atrás escalón abajo. El caballo da un paso al vacío y no sabe la profundidad. No influye mucho si primero lo hacemos subir el mismo escalón, para que luego tenga que hacer marcha atrás.

Sirva de ejemplo mi yegua purasangre, que quise hacer entrar marcha atrás en su propio box, que se halla unos 10 cm más bajo que el nivel del patio delantero. Cada día bajaba este desnivel caminando hacia adelante. Me pareció perfecto escoger la entrada del box, como lugar de confianza, para iniciar el entrenamiento de desniveles.

El procedimiento me costó tres cuartos de hora por los fallos que cometí y que describo a continuación,

Pasos atrás cuesta arriba.

por los nervios, pero demuestra una vez más que el caballo sigue tranquilo en el trabajo si se guarda distancia, mientras que se siente acorralado y coge miedo si nos acercamos demasiado. La yegua se dejó dirigir perfectamente marcha atrás, recta ante la entrada del box. Yo mantuve una distancia de aproximadamente un metro de ella. Cuando su pie notó el vacío, se paró y volvió un pasito hacia mí. Con un movimiento ondular de la cuerda la paré, y la dirigí nuevamente hacia atrás, al desnivel. Ahí la dejé parar un rato para «pensárselo». De vez en cuando intenté que diera otro paso atrás, con un movimiento de la cuerda. Finalmente palpó el desnivel y puso el pie brevemente dentro del box. «Ya he ganado», pensé, —«ahora sólo será cuestión de minutos». Habían transcurrido unos 10-15 minutos desde el inicio del ejercicio.

Y con este pensamiento perdí la paciencia. Daba por hecho que la yegua había comprendido que mi petición no era imposible. Pero ella siguió dudando. Entonces rompí la distancia que guardaba de ella e, impacientemente, intenté hacerla entrar en el box pinchándola repetidamente con los dedos en el pecho. El resultado fue que ella entró en pánico y casi me arrolla al salir corriendo hacia adelante. Simplemente la había acorralado demasiado y reaccionó con miedo. No vio otra salida que la de ir hacia adelante, pasando ante mí.

La siguiente media hora la dediqué a tranquilizar la yegua de nuevo (guardando la distancia correcta) y dejarla parada con los pies juntos a la entrada del box. Cuando se había calmado y levantó los pies varias veces para probar, finalmente acabó entrando en el box con el desnivel sin mayores problemas.

El caballo se resiste brevemente y golpea con la mano.

Todo por haber perdido la paciencia y pensar que el caballo «ya lo debe haber comprendido».

El entrenamiento de bajadas y otros desniveles naturales puede ser muy útil cuando se desea acostumbrar al caballo a pasar el agua o un riachuelo de la mano.

Se puede enviar al caballo dentro sin llegar a mojarnos los pies. Pero antes de hacerlo entrar en el agua hay que comprobar la profundidad y el suelo bajo el agua. De poco sirve para la confianza del caballo si al dar dos pasos en el agua pierde el suelo bajo sus pies.

Trabajo con caballetes y ejercicios de salto

De la misma manera que el trabajo de campo y *trial*, se puede llevar a cabo el entrenamiento básico para el salto.

Describiremos sobre todo el trabajo con caballetes y pequeños saltos de la mano. Ambas cosas se pueden mezclar con los ejercicios para pruebas de campo, como veremos.

El objetivo será que el caballo siga controlable antes y después de pequeños saltos, así como desarrollar más su equilibrio y el empleo del posterior.

El picadero circular es muy apropiado para el trabajo con caballetes y pequeños saltos. Se puede trabajar el caballo completamente en libertad, sin molestarlo con un tirón de la nariz ante un movimiento incontrolado, una vacilación o un brinco asustado. El caballo trabaja prácticamente por responsabilidad propia. Desde luego esta forma de trabajar ya se tiene que haber practicado en el picadero circular, antes de empezar con obstáculos, ya que se debe poder parar y hacer venir al caballo sin la cuerda. Su velocidad debe ser ampliamente controlable, etc. Está claro que para el entrenamiento con caballetes y saltos no se deben usar riendas de atar ni otras riendas artificiales, ya que impiden el libre estiramiento del cuello hacia adelante y abajo. Si no se dispone de un picadero circular, se podrá montar un círculo cerrado con balas de paja o similares en un lado de la pista.

Primero se lleva al caballo de la mano o se le da cuerda al paso sobre una o varias barras antes de iniciar los ejercicios a trote y galope. Al modificar la distancia entre las barras se puede corregir la amplitud de los pasos del caballo. Un caballo precipitado irá más lento al acortarle las distancias, uno lento se hará más activo con unas distancias algo más amplias. Con caballos que no miran donde ponen los pies se pueden poner distancias desiguales y/o unas barras más altas que otras.

Para practicar las barras de tranqueo al trote con un caballo poco atento también se puede variar la altura de los caballetes y poner unos más altos que otros. Así se mantiene la atención del caballo. Las distancias entre las barras no se pueden variar, como al paso, ya que esto resultaría en fallos de la secuencia del trote y tensiones al impedir la fluidez del movimiento.

Cuando el caballo esté controlable en cuanto a velocidad y regularidad al paso y al trote se podrá iniciar el trabajo a galope. Las distancias entre los caballetes deben estar de acuerdo con la longitud media del tranco de galope del caballo en cuestión.

Tras los primeros ejercicios con una hasta cuatro barras lisas en el suelo, sobre las cuales el caballo debe galopar con calma y sin perder el ritmo, se

Dirigir el caballo sobre unas barras.

Un pequeño salto de la mano sobre un caballete.

podrá poner el último caballete más alto, de modo que tenga que saltar con más impulso.

Para aumentar su atención, también se puede poner la primera o la segunda barra más alta que las demás, pero sólo cuando el caballo tenga suficiente equilibrio para solventar estos desniveles.

Saltos más grandes no se deben entrenar en el picadero circular, ya que el caballo siempre se encuentra sobre el círculo, por lo que antes y después de las barras o los saltos siempre está ligeramente incurvado.

Cuando el caballo tenga buen equilibrio se le puede hacer parar tras una serie de caballetes al trote o galope (mediante un paso en dirección a su grupa o bloqueando el movimiento hacia adelante frenándolo con el propio cuerpo, poniéndonos lateralmente ante la cabeza del caballo, o enseñándole la tralla ante la nariz). Las órdenes verbales siempre son buenas como complemento. El gesto que sea más conveniente para cada caballo, en cada momento del entrenamiento, se notará en seguida.

Parar el caballo, después de un movimiento forzado y su bascular sobre los saltos, es una gimnasia excelente.

Si se desea dar la máxima variedad al trabajo con el caballo se pueden montar diversos recorridos que contengan obstáculos de campo, pequeños saltos y ejercicios de obediencia, para hacerlos pie a tierra.

También nos podemos imaginar una reprise de doma de la mano, en cuyo caso evidentemente hay que tener en cuenta la movilidad y la condición física de la persona.

Las exhibiciones con riendas largas así como la prueba de *showmanship* de los jinetes *western* abren muchas posibilidades al trabajo pie a tierra.

Trabajo con doble cuerda y riendas largas

Los conceptos de «trabajo con doble cuerda» y «trabajo con riendas largas» de hecho sólo se diferencian porque en el trabajo a la cuerda el domador permanece en el centro del círculo, mientras que en el trabajo con riendas largas camina lateralmente detrás del caballo, así como por la distancia entre la boca del caballo y la mano del domador.

En el trabajo con riendas largas, como ya insinúa el nombre, se imita el trabajo del jinete, sin su peso, pero con la posibilidad de dar las ayudas con las riendas igual que si fuera montado.

La cuerda doble y las riendas largas se sujetan al filete. También es posible, en vez de con filete, trabajar con *sidepull*. Sobre todo, cuando no se está muy seguro de tener una mano suave, al usar el *sidepull* se alivia la boca del caballo.

Aquí tenemos la versión clásica de la conducción desde atrás (como se explica en el capítulo sobre el Comportamiento de Manada) con la ventaja añadida de la dosificación refinada de las ayudas.

Por el largo camino desde la mano del domador hasta la boca del caballo, el trabajo con doble cuerda no está exento de problemas y exige mucha sensibilidad para lo que un movimiento de la mano transmite a la boca del caballo. Mantener la fusta o la tralla, muchas veces usada como complemento, resulta más difícil que al dar cuerda de forma normal ya que su empleo debe salir desde la muñeca y no debe afectar la boca del caballo. De vez en cuando también hará falta poner ambas riendas en una mano, para poder dar una ayuda mejor con la fusta. El modo de llevar las riendas en una mano como se refleja en la ilustración de la página siguiente, o bien el modo de conducción según Achenbach, del enganche, puede ser útil cuando se debe trabajar mucho con ayuda de la fusta. Siempre que no se usa, la fusta debe apuntar hacia adelante y hacia arriba.

Los ejercicios de salto también se pueden hacer de la mano, con cabezada de cuadra y cuerda larga. Este ejercicio a la cuerda sólo debe hacerse a paso o trote. Para el trabajo a galope siempre es mejor el picadero circular.

Las riendas largas o las cuerdas pasan por las anillas del cinchuelo de dar cuerda.

Según el grado de doma del caballo, se pondrán más arriba o más abajo. La altura es comparable con la altura de fijar las riendas de atar, cuanto más erguido pueda ir el caballo, más arriba se fijarán al cinchuelo.

A muchos caballos habrá que acostumbrarlos primero con cuidado a sentir las riendas en sus posteriores. Para esto un ayudante podrá sujetarlo las primeras veces. Un caballo que se deja tocar por todo el cuerpo con la fusta y que haya pasado la prueba de dejarse tocar con el saco no tendrá problemas con esto.

El trabajo con doble cuerda puede ayudar en ciertos problemas, sobre todo cuando no se disponga de un picadero circular. Por ejemplo, si un caballo tiende a sacar la grupa, por lo que difícilmente se incurva —sobre todo en giros cerrados—, la segunda cuerda puede poner un tope a su posterior exterior. Desde luego con las riendas largas o la doble cuerda se pueden ejecutar los giros de una manera muy diferenciada y controlada.

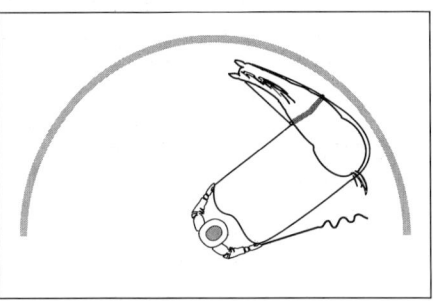

Modo de sujetar las riendas según Achenbach: la mano derecha queda libre para la fusta.

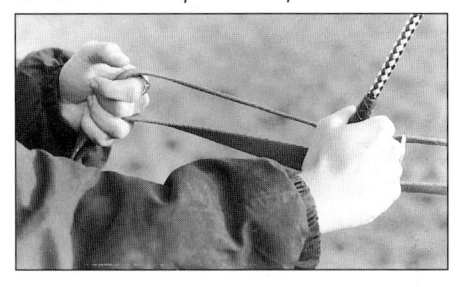

Para alargar o acortar las riendas, la mano derecha se coloca por delante, y así la izquierda puede ceder o acortar.

El mismo movimiento visto desde el otro lado.

Trabajo con doble cuerda sobre el círculo, la tralla se mueve desde la muñeca.

Modo de doma: la mano derecha coge la cuerda/rienda de la mano izquierda.

Trabajo con riendas largas.

Asimismo, los pasos atrás sobre el círculo, se pueden ejecutar con más facilidad con la doble cuerda, sin que el domador tenga que alejarse del centro; se controla mejor el eje longitudinal y, si el caballo se pone rígido de un lado y quiere sacar la grupa, siempre se puede tomar un poco más esa rienda o cuerda.

Con riendas largas también se pueden hacer pasos atrás, estando justo detrás del caballo, o sea imitando prácticamente la posición del jinete. Con una orden verbal se le pide retroceder. Si el caballo no reacciona, aumenta la presión sobre las riendas varias veces y se vuelve a ceder, como para una parada montado. Hasta cierto punto también se puede mover un poco las riendas, a modo del movimiento ondular. Pero muy poco de este movimiento llegará hasta la cabeza del caballo ya que las anillas del cinchuelo absorben el resto.

También, al hacer pasos atrás estando directamente detrás del caballo, se tienen más medios de controlar el remetimiento regular de los posteriores al ponerse más erguido el caballo, contrariamente a los pasos atrás del caballo en libertad, o enderezado con riendas de atar.

Además, con las riendas largas se pueden realizar los pasos atrás en línea curva, que practican los jinetes *western* montados para conseguir un fuerte remetimiento del posterior interior. En los pasos atrás con ramal, si bien se puede dirigir bien la dirección mediante la posición corporal del domador, no así la incurvación. En los pasos atrás con flexión –por ejemplo en obstáculos de campo– tampoco se trata de retroceder torcido; el caballo está más bien recto en general, pero efectúa los giros mediante movimientos contrarios de su tercio anterior y posterior.

Grupa adentro/renvers

Las riendas largas resultan especialmente ventajosas para los movimientos laterales con la colocación del caballo en la dirección en que va, como por ejemplo la grupa adentro o

Práctica 135

Ceder cuando el caballo quiere estirarse.

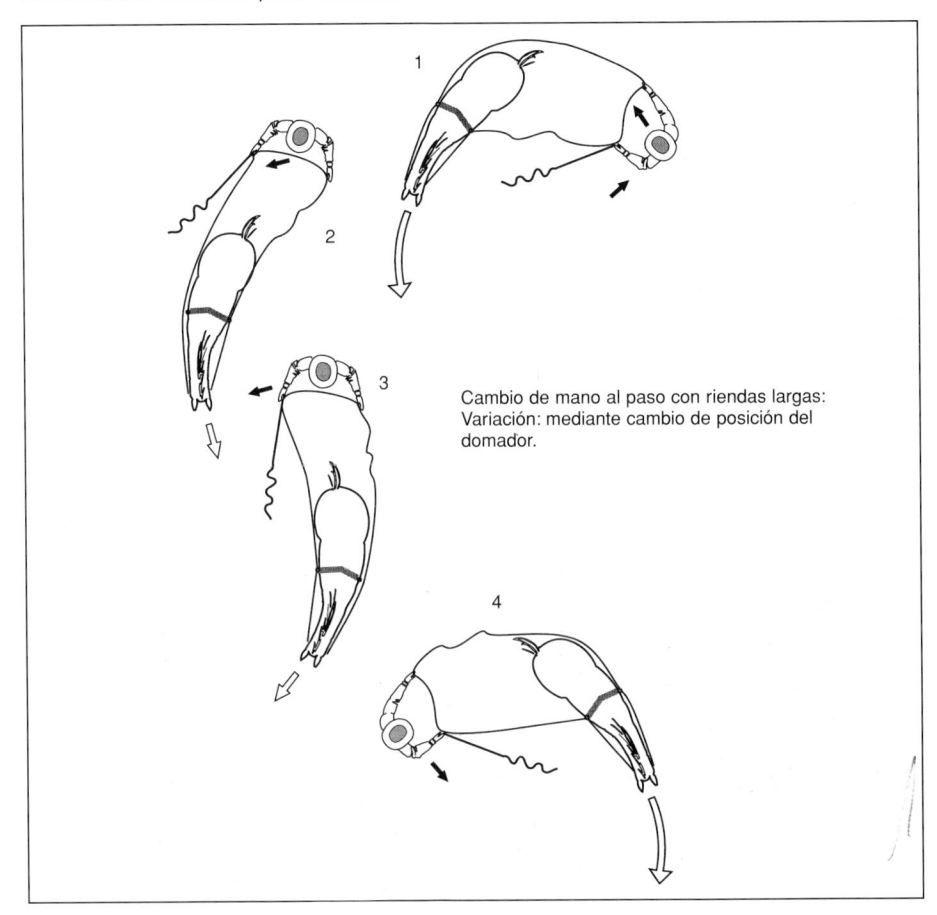

Cambio de mano al paso con riendas largas:
Variación: mediante cambio de posición del domador.

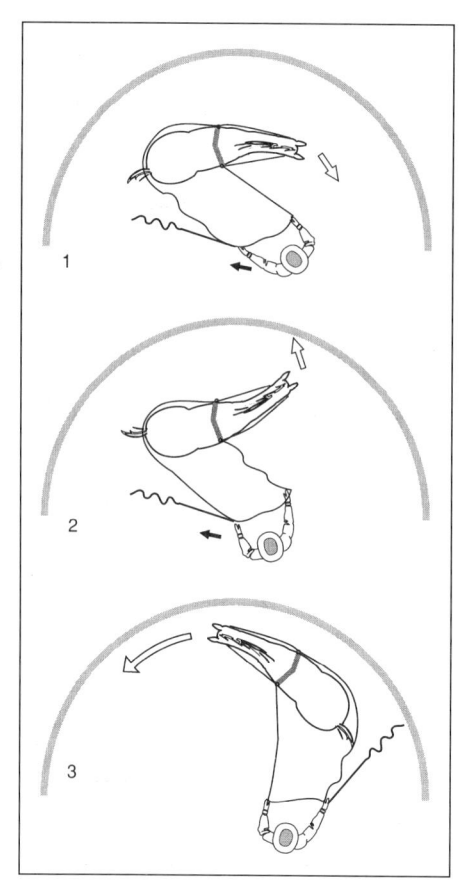

Cambio de mano con doble cuerda al paso sobre el círculo:
1. Atraer el caballo algo hacia dentro, tomando la rienda derecha, ceder la izquierda.
2. Cambiar la colocación del caballo hacia fuera (izquierda), ceder la derecha, el domador se desplaza algo hacia la izquierda.
3. El caballo ahora va a la otra mano.

renvers. En realidad, este movimiento sólo se puede enseñar bien desde el suelo con la ayuda de las riendas largas.

Con riendas de atar no se puede controlar con la necesaria sensibilidad la colocación y la incurvación del caballo ni el movimiento lateral de los pies. Con la cabezada y una cuerda sola ni siquiera se puede dirigir este movimiento. En este caso al menos el método natural tiene sus limitaciones.

El trabajo con riendas largas es ante todo un instrumento para lograr mayor reunión en un caballo que ya ha aprendido a ceder de la manera deseada ante cierta presión en la boca.

La doble cuerda y las riendas largas son herramientas para la persona que tenga su caballo básicamente flexible y obediente (mediante entrenamiento de la dominancia y ejercicios básicos a la cuerda sin riendas de atar, así como lecciones en el picadero circular) y que considera el trabajo con riendas de atar para conseguir la reunión, demasiado rígido e inflexible. Algunos ejercicios reunidos se pueden dirigir y realizar mucho más refinados y eficaces con riendas largas que con riendas de atar, suponiendo que se sepa manejar esta herramienta con sensibilidad. Sobre todo, un cambio extremo de acortar y alargar el tranco, por ejemplo al trote —de trote reunido a trote medio o largo— se puede entrenar mucho mejor con riendas largas. No existe el problema de hallar la medida exacta de las riendas de atar que permita tanta amplitud como máxima reunión ya que el domador puede ceder lo que haga falta.

El manejo de las riendas largas desde luego debe entrenarse sin caballo. Se puede pedir a un ayudante que camine por adelante y haga de «caballo» para practicar el tomar y ceder, así como el alargar y acortar las riendas —o la doble cuerda— sin hacerse un lío con ellas.

Práctica 137

Arriba: Pasos atrás en línea recta dirigido desde atrás.

Abajo: Corrección hacia izquierda o derecha al torcerse en los pasos atrás. El domador se pone al lado en que el caballo saca la grupa y toma la rienda contraria.

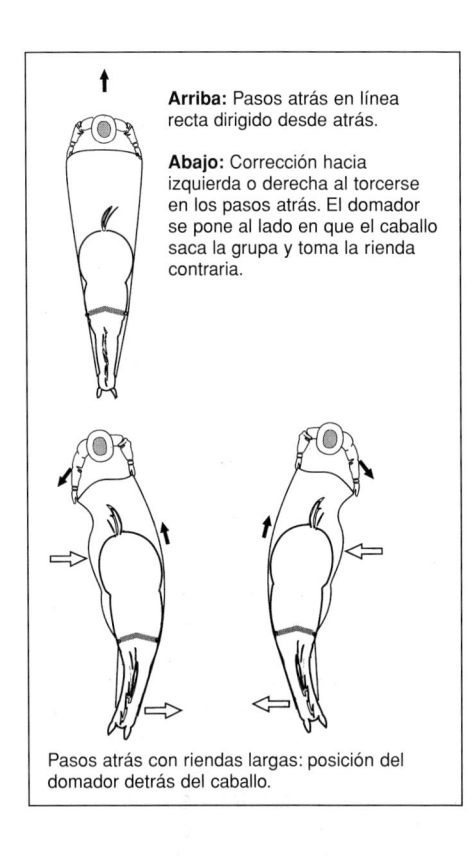

Pasos atrás con riendas largas: posición del domador detrás del caballo.

Pasos atrás con riendas largas: posición del domador al lado del caballo.

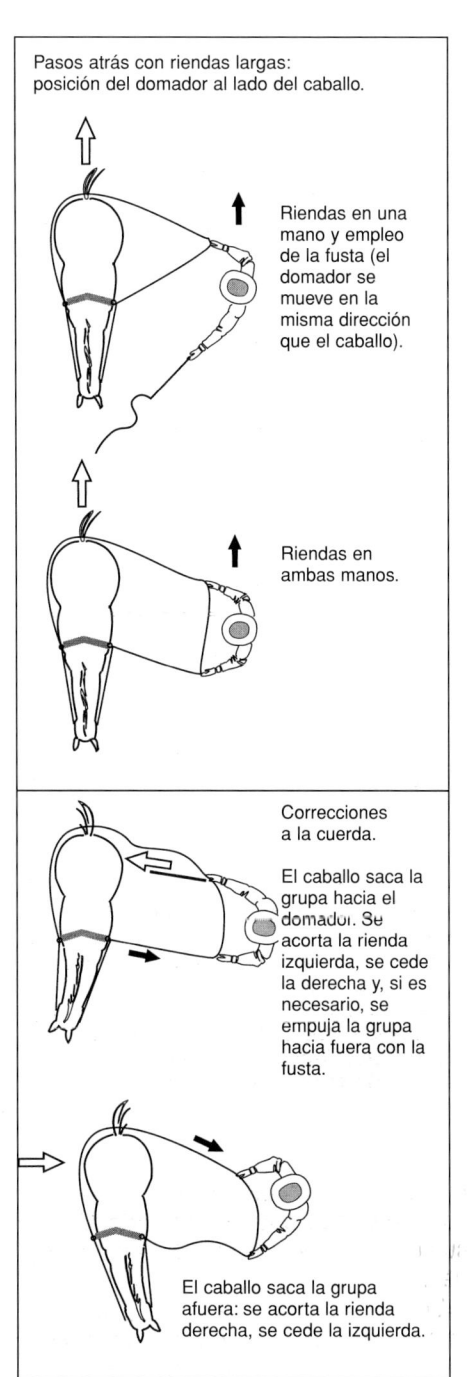

Riendas en una mano y empleo de la fusta (el domador se mueve en la misma dirección que el caballo).

Riendas en ambas manos.

Correcciones a la cuerda.

El caballo saca la grupa hacia el domador. Se acorta la rienda izquierda, se cede la derecha y, si es necesario, se empuja la grupa hacia fuera con la fusta.

El caballo saca la grupa afuera: se acorta la rienda derecha, se cede la izquierda.

NÚMEROS ESPECIALES Y JUEGOS

Aparte del trabajo con fines serios, siempre es divertido comprobar de vez en cuando si el caballo posee talentos especiales.

Paso español

Por ejemplo, si el caballo tiene tendencia a golpear el suelo con la mano cuando algo no le gusta, o levanta la mano con la intención de escarbar para llamar la atención, se puede llegar a desarrollar este movimiento fácilmente, es decir conseguir que lo haga a la orden. Para poder llegar a pedirle el paso español pie a tierra sólo hace falta un poco de paciencia y buen ojo para el ritmo regular del movimiento deseado. Por eso, nuevamente, hará falta observar varios caballos ejecutando el paso español (en vídeo o al natural), analizar el ritmo –archivar los detalles– y finalmente grabarse una imagen ideal de ese movimiento. Si no se hace así, se corre el riesgo de enseñar una secuencia incorrecta al caballo.

El hacer levantar y estirar una mano hacia adelante se enseña rápidamente. Es aconsejable buscar primero el punto más sensible de la mano del caballo en cuestión. Puede estar arriba junto al codo o sobre el menudillo, o en cualquier punto intermedio. Se localiza tocando toda la pata suavemente con la fusta, siempre con toques iguales, y observar en qué punto el caballo se siente molesto y levanta la mano. Quizás haya que probar varias veces seguidas, hasta localizar el punto. De todas maneras, el punto que le incita a levantar la mano, también puede estar bajo el abdomen, detrás del codo. No se debe usar el extremo de la cuerda para tocarlo; es demasiado impreciso. En este caso la fusta, como en los ejercicios de reunión, es más apropiada, por su mayor alcance y mejor dosificación de las ayudas.

Ahora se toca el caballo en el punto sensible de la mano y se espera que responda a la molestia levantándola. Entonces se le premia en seguida, da igual cuánto haya levantado y estirado la mano. En estos juegos, las golosinas son una buena motivación para progresar. Se repite el procedimiento varias veces con ambas manos y en el intermedio siempre se pasea al caballo, al paso libre hacia adelante. No se debe agarrotar. Con esto será suficiente el primer día.

Más adelante se intentará mejorar el movimiento de la mano, más hacia arriba y más estirado hacia adelante, de modo que se origine la acción desde las espaldas. Por eso no nos conformamos con un simple levantar de la mano, sino que al hacerlo se le dan aún un par de toques. El caballo ahora empezará a estirar la mano más lejos hacia adelante y se le premia en seguida (con una golosina).

Los toques no deben degenerar en golpes –simplemente hay que buscar su reacción ante las repetidas pequeñas molestias– ya que no debe coger miedo a la fusta.

Si el caballo eleva y estira una mano se le premia con una golosina, y se le hace caminar un poco al paso activo, y después se pide con la otra mano, seguido de otro poco de paso libre. El paso libre con soltura en el intermedio es muy importante para mantener la actividad de los posteriores.

Tras varios días se acortan las fases de paso intermedio hasta seis tras cada elevación de una y otra mano, y finalmente hasta tres pasos.

Con estas secuencias regulares de paso se obtiene un ritmo básico en el movimiento y se evita que arrastre los posteriores.

Para evitar que el caballo se incurve en este ejercicio se puede trabajar con riendas de atar.

El paso español, además del efecto de exhibición, sirve para dar soltura a las espaldas.

Reverencia

Muchos caballos aprenden la reverencia con facilidad. Se puede hacer de distintas maneras. Una consiste

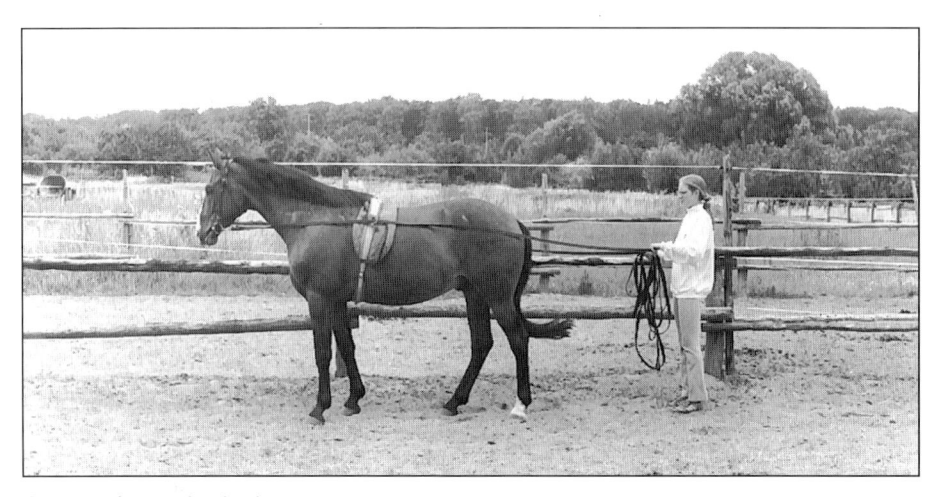

Pasos atrás con riendas largas.

en, con ayuda de cuerdas y un ayudante, «doblegar» el caballo suavemente pero con firmeza. Otro ayudante está preparado con golosinas, para tranquilizarlo y premiarlo. El caballo está equipado con filete o *sidepull*.

Se le pone una cuerda a cada mano (con trabones, para evitar rozaduras). Entonces se le acostumbra a ceder un poco ante la presión de la cuerda, sin entrar en pánico. Cuando se queda tranquilo con ambas cuerdas, se puede comenzar tras unos días, a levantar una mano un poco hacia atrás y doblarla.

Si el caballo permanece tranquilo con esto, se puede empezar a tirarle un poco hacia atrás mediante presión sobre la rienda. El ayudante con la otra cuerda debe mantener la mano del caballo estirada hacia adelante. En el momento en que el caballo traslada su punto de gravedad hacia atrás, se suelta un poco la mano doblada, para que pueda arrodillarse sobre ella. Si el caballo empieza a protestar, se suelta inmediatamente toda presión y, tras un descanso para tranquilizarlo, se intenta de nuevo. Si se intenta tirar del caballo a la fuerza, reaccionará con pánico y se puede echar a perder el ejercicio para siempre.

Es importante premiar al caballo (con comida) en la fase en que esté abajo. Con el tiempo se intentará mantenerlo abajo hasta que reciba la orden de levantarse. Al principio esto no funcionará; el caballo estará demasiado contento de liberarse de esta postura forzada. Más adelante se puede alargar el tiempo de arrodillarse, si se le van dando golosinas más tiempo.

Con muchos caballos (sobre todo esos ejemplares glotones de la especie) se puede practicar la reverencia a solas, sin cuerdas ni ayudantes. Para esto, uno se pone al lado del caballo, mirando la cola. Se le coge una mano, como si quisiera limpiarle el casco. Luego se gira, de modo que quede paralelo al caballo. Se mantiene la mano del caballo con la mano exte-

Reverencia.

rior. La mano interior libre, con unas golosinas, se lleva entre los anteriores del caballo, ante su nariz. Cuando haya tomado el primer bocado, la mano se retira lentamente entre sus anteriores y el caballo la sigue con la nariz. Al mismo tiempo se dobla la pata cogida un poco más hacia atrás. La otra permanece en el suelo por sí sola. Si el caballo ahora se concentra en llegar a las golosinas, hará prácticamente una reverencia.

Con este sistema el caballo no puede coger miedo, ya que el domador puede interrumpir el ejercicio en cualquier momento si el caballo se siente acorralado y tira de la mano cogida (el domador de ningún modo podrá retener al caballo). Además se ahorra la molestia de buscar dos ayudantes.

La desventaja de este sistema es que se tiene poco control sobre el caballo cuando se quiere levantar.

Para lograr el mayor control en este ejercicio también se pueden combinar ambos sistemas. Incluso cuando el caballo haya aprendido la reverencia sin trabones ni cuerdas, se pueden llegar a controlar mejor las fases aisladas del ejercicio, poniéndole cuerdas después. Este ejercicio no debe practicarse en suelo duro. Lo mejor es una pista de arena.

Sentarse

Para esto el suelo también debe ser blando. Si se ponen trabones con cuerdas a las cuartillas posteriores y se tira poco a poco de las cuerdas hacia adelante se invita al caballo a sentarse en la arena. Para ello, un ayudante está junto a la cabeza del caballo y le impide marcharse hacia adelante. Otros dos están a ambos lados del caballo y estiran los posteriores lentamente hacia adelante.

Tras acostumbrarlo a las cuerdas, cada día se intenta estirar los posteriores un poco más hacia adelante. El ayudante de adelante distrae al caballo con comida.

Para que el caballo no caiga de golpe se pondrán dos balas de paja detrás de los posteriores, para que pueda sentarse encima primero.

El balancín

El balancín es uno de los obstáculos del recorrido de *trail* de los jinetes *western*. Normalmente se pasa simplemente por encima. Cuando el caballo pasa sin problemas los puentes se le puede iniciar en el balancín. Al principio probablemente saltará abajo asustado, cuando éste se vuelca. (Si un caballo tiene mucho miedo ante el balancín, éste se puede fijar primero —como un puente— y hacerle pasar sin que vuelque.)

Se repite el ejercicio de la misma manera que al enviar el caballo a pasar por un paso estrecho hasta que se quede tranquilo cuando vuelque el balancín.

Más adelante se para el caballo sobre el centro del balancín, cuando acabe de volcarse, y se le deja tranquilamente parado. Esto se repite un par de veces. Finalmente, se le hace retroceder uno o dos pasos, de modo que vuelve a volcarse hacia el otro lado y se le deja parado otra vez. Lo mismo se repite hacia adelante y hacia atrás, y el caballo mueve el balancín. Es muy espectacular, cuando se puede dejar al caballo totalmente suelto sobre el balancín y más adelante dar las órdenes simplemente con la voz o ligeras señas del propio cuerpo, en la forma de dar un paso adelante y otro atrás.

Si esto funciona pie a tierra, entonces pasar el balancín montado será «pan comido», porque el caballo ya no le tiene miedo

Iniciación a los números de exhibición

El trabajo pie a tierra ofrece muchas posibilidades de presentar su caballo en exhibiciones. A partir de los ejercicios de campo y el entrenamiento de cesión, se pueden preparar muchos trucos para números de exhibición.

En un giro sobre las manos, se puede poner una o ambas manos del caballo dentro de un cubo o sobre un podio. Se le puede hacer pasar, en vez del laberinto de barras, por un mar ondulante de globos. Se puede conseguir que juegue a fútbol con un balón grande. Se le puede hacer pasar hacia adelante y hacia atrás entre banderas, o por encima de barras con globos atados, o hacerle saltar sobre fuego, etc.

Todo se puede enseñar pie a tierra y después naturalmente se puede mostrar montado.

Bases para la doma en libertad con varios caballos

Para terminar el trabajo de pie a tierra, daremos una pequeña explicación sobre una modalidad de trabajo con caballos que para la mayoría de jinetes resulta un libro cerrado: la perfección de la doma en libertad, como puede verse en el circo.

Para poder controlar el caballo sin cuerda, al principio, desde luego se necesita un picadero circular (mejor dicho en términos circenses: un manège), para mantenerlo siempre a nuestro alcance. Una tralla de mango corto y cordón largo, es el único medio artificial necesario para alargar nuestro propio alcance y llamar la atención del caballo, cuando éste se distrae. El caballo debe llevar cabezada de cuadra, para señalarle la diferencia del juego en libertad.

El trabajo a distancia, así como el trabajo con caballetes sin cuerda ya fueron elementos básicos para la doma en libertad.

Ahora hay que controlar el caballo únicamente con las ayudas que nos quedan, al no haber conexión mediante la rienda o la cuerda: éstas son la voz, el lenguaje corporal y la fusta como prolongación del brazo.

Si más adelante se desea hacer doma en libertad con varios caballos, primero se toma cada caballo por separado en la pista redonda. Se le enseña de manera que siempre deba parar, hacer pasos atrás, etc. en el mismo lugar. O que en el punto X siempre deba girarse hacia el domador y venir hacia el centro, o girarse y levantarse de manos, etc. El caballo debe aprender de memoria sus posiciones dentro de la pista ante cada orden. Este trabajo en solitario con cada caballo puede durar cerca de un

142 *Práctica*

año. Cada caballo habrá aprendido a la perfección, con el trabajo en solitario, sus lecciones en un lugar diferente de la pista. Si ahora se van juntando los caballos –primero dos, luego cada vez uno más– cada uno sabrá su sitio sobre el círculo y estará atento al domador en el centro.

Por la fijación hacia el domador en el centro, ni siquiera entre caballos enteros, que se suelen usar más para el trabajo de circo, habrá discusiones de jerarquía. Además, en este trabajo todos los caballos llevan riendas de atar. Finalmente, el que cada uno sepa su lugar dentro de la pista, cuando se empieza a trabajar con todos los caballos a la vez, será sustituido por un orden determinado entre ellos. Entonces los caballos aprenden su posición con relación a los demás caballos (y al domador). Así incluso se les puede llevar fuera de la pista que conocen.

Iniciación a la reverencia sin ayudas artificiales.

Bibliografía

Moshé Feldenkrais: *Consciencia mediante el movimiento*, Suhrkamp TB 429

Moshé Feldenkrais: *El descubrimiento de lo lógico*, Suhrkamp TB 1440

Moshé Feldenkrais: *Aventura en la jungla del cerebro*, Suhrkamp TB 663

Wilhelm Blendinger: *Psicología y Comportamiento del Caballo*, Editorial Erich Hoffman

Instrucciones para la Equitación y el Enganche (Tomo Instrucciones para el Enganche), Federación Hípica Alemana (FN), Warendorf

Hannes Lindemann: *Sobrevivir al Stress* –Entrenamiento Autógeno, Heyne-libro de bolsillo N°. 19/41